EMOÇÕES

EMOÇÕES
Desperte paixão e desejo no homem que você ama!

Ellen Kreidman

Tradução:
Nivaldo Montigelli Jr.

Direção Geral: Julio E. Emöd
Supervisão Editorial: Maria Pia Castiglia
Coordenação Editorial: Marilu Bernardes Sória
Revisão de Estilo: Maria Lúcia G. Leite Rosa
Revisão de Provas: Melissa Mesquita Ponciano
Composição e Diagramação: Cícera Benevides do Nascimento
Capa: Mônica Roberta Suguiyama
Fotografia da Capa: LStockStudio/Shutterstock
Impressão e Acabamento: Log&Print Gráfica

EMOÇÕES – Desperte paixão e desejo no homem que você ama!
Copyright © 1995, 2020 por editora HARBRA ltda.
Rua Joaquim Távora, 629 – Vila Mariana – 04015-001 – São Paulo – SP
Telefone: (0.xx.11) 5084-2482. Site: www.harbra.com.br

**Tradução de LIGHT HIS FIRE – How to keep your man passionately and
hopelessly in love with you**
Copyright © por Ellen Kreidman
Publicado originalmente nos EUA por Villard Books,
uma divisão de Random House, Inc.

Todos os direitos reservados. Nenhuma parte desta edição pode ser
utilizada ou reproduzida – om qualquer meio ou forma,
seja mecânico ou eletrônico, fotocópia, gravação etc. –
nem apropriada ou estocada em sistema de banco de dados,
sem a expressa autorização da editora.

Impresso no Brasil   *Printed in Brazil*

ATENÇÃO!!!

Não leia este livro, a menos que você:

* Seja uma mulher que deseja cativar e magnetizar um homem para sempre.

* Seja uma mulher cujo casamento está começando a se desagregar e quer reformulá-lo completamente.

* Seja uma mulher prestes a se casar que deseja continuar sentindo aqueles *arrepios* no estômago e ter um caso de amor por toda a vida com seu companheiro.

* Seja uma mulher que fracassou no casamento e isso a impede de iniciar um novo relacionamento, porque você tem medo de enfrentar sofrimentos e perdas.

* Esteja ansiosa para ter um relacionamento, pela primeira vez e não sabe como agir para tudo dar certo.

EU REPITO — SOB QUAISQUER CIRCUNSTÂNCIAS, não leia este livro, a menos que você deseje ter completo controle do destino da sua vida amorosa!

DEDICATÓRIA

Este livro é dedicado ao meu marido, Steve, o homem mais gentil, amoroso, paciente e incentivador que conheço. Sou a mulher mais feliz do mundo por ter a honra de tê-lo como marido. Ele é tudo que uma mulher poderia sonhar ou esperar ter como companheiro. Ele é minha inspiração, meu apoio, meu mundo. Sem ele, este livro nunca teria sido escrito.

CONTEÚDO

Agradecimentos
Nota da Autora

1 CONHECIMENTO OBTIDO ATRAVÉS DA EXPERIÊNCIA 1
Como Tudo Começou 2
Nova Perspectiva, Novas Opções 5
A História de Frankie 6
Finais Felizes 8
Sua Promessa, Minha Promessa 9

2 SERÁ QUE MEREÇO ISSO? 13
Você está Sempre Sendo Testada 15
Lixo ou Tesouro? 18
Por que os Homens se Apaixonam 19
Seu Herói para Sempre 22
Sem Sofrimento não há Crescimento 22
Os Opostos se Atraem — Banal, mas Verdadeiro 26
Vive la Différence! 28

3 OBJETOS SEXUAIS — APENAS DE VEZ EM QUANDO 33
Repare em Seu Homem 38
Todos Nós Queremos Chamar a Atenção de Alguém 40
O Segredo Mais Bem-Guardado Sobre os Homens 41
Seja uma Atriz 46
Dê o Máximo às Pessoas que Ama 46

4 COMUNICAÇÃO 49
Ouça Com o Coração 50

Você Não Pode Consertar 53
A Melhor Terapia que o Dinheiro Pode Comprar 55
Substitua um Bicho de Estimação por Uma Pessoa 57
Esforce-se e Toque Alguém 59
O Beijo de Dez Segundos 61
Dê Valor ao Homem, Não ao Presente 62
Não Deixe Seu Marido Maluco 65

5 ROMANCE JÁ 67
Tempo Para Ficar a Sós 69
Apaixonados no Início, Apaixonados até o Fim 72
Criando Lembranças Inesquecíveis 74
As Necessidades Dele e as Suas 77
Amor *Versus* Intimidade Física 79
Provocando os Sentidos 79
Ilumine o Caminho Para o Romance 80
Prepare o Cenário Para o Amor 81
Seja a Fantasia Dele 82
Por Favor, Nada de Desculpas 82
Diga com Bolas de Aniversário 84
Ensine-me Hoje à Noite 84
Um Caso Amoroso Requer Habilidade 85
Rei por um Dia 86
Cinqüenta Maneiras de Manter o Desejo Dele Sempre Vivo 87

6 NUNCA ADIE A FELICIDADE 97
Viva Aqui e Agora 99
Saboreie o Momento 101
Nunca Deixe Para Amanhã 103
Nossos Pensamentos Afetam Nosso Estado de Espírito 104
Tome uma Atitude 105
Enfrente o Medo 105
Seja Sincera Consigo Mesma 109
Listas, Listas, Listas 110
Tempo Para Si Mesma 111
Para Sua Jarra Transbordar 113
Quem Sou Eu? 114

Siga Seu Coração 115
Duas Perguntas Para a Autodescoberta 117

7 NÃO HÁ SENTIMENTOS CERTOS, NEM ERRADOS 121
Não Ataque, Afirme 124
Ensinamos a Mentir 124
Meninos Não Choram 125
O Grande Disfarce 127
Lidando com a Culpa 128
Uma Culpa Muito Dispendiosa 129
Eles Podem Passar Sem Você 131
Sentimentos Ocultos Causam Doenças 132
O Grande "C" 133
Diga Simplesmente Não 135
Peça e Você Receberá 136
Mensagens Confusas 137
O que Você Quer de Mim? 139
Lista de Desejos 140
Faça um Desejo 142
Falas Infantis e Apelidos Carinhosos Saem do Quarto 143
Brincadeiras de Crianças 145
Apelidos Carinhosos 146
Escolha um Apelido Carinhoso 146
As Brincadeiras Salvam o Dia 147
Por Trás de Cada Homem se Esconde um Garotinho 148

Votos para um amor duradouro 150
Conclusão 151

AGRADECIMENTOS

Serei eternamente grata a todas aquelas pessoas que contribuíram para transformar minhas esperanças e sonhos em realidade.

Sou especialmente grata à minha mãe – que me deu todo o amor e estímulo de que necessita uma criança para sentir-se querida, valorizada e especial; e ao meu pai – que trabalhou duro toda a sua vida para me dar uma educação e um ambiente em que eu pudesse me desenvolver e crescer.

Sou grata a meus filhos – não se passa um dia sem que eu me sinta abençoada e privilegiada por ser mãe deles. Jason, meu filho determinado, decidido, honesto, atencioso e dinâmico; Tiffany, minha filha intuitiva, gentil, amável, criativa e original; e Tara, minha filha prestativa, sensível, idealista, dedicada e generosa – todos, de várias maneiras, me ajudaram a escrever este livro.

Sou grata a Frances Wright, pelo incentivo, amizade e por acreditar em mim ao longo dos anos, o que não só ajudou a realizar meus sonhos, mas também a lotar meus seminários.

Sou grata a Sandra Caton, cujas infindáveis horas de dedicação, energia e talento criativo ajudaram a transformar meu texto original em um trabalho digno da consideração de meu editor; e a Judy Semler, minha agente literária, que tornou viável sua publicação. Seu constante otimismo, incentivo e profissionalismo transformaram todas as possibilidades em probabilidades.

Sou grata a Diane Reverand, minha editora, cuja mente brilhante e intuitiva ajudou a tornar meu texto estimulante. Seus conhecimentos e critérios fizeram com que eu me concentrasse no tema do livro e ajudaram-me a alcançar minha meta final.

E, por fim, sou grata a todas as participantes de meus seminários. Este livro não poderia ter sido escrito sem o entusiasmo delas e a confiança de que aquilo que eu tinha a dizer era importante e válido. Agradeço a todas por suas cartas e testemunhos dos sucessos pessoais que alcançaram como resultado do meu programa.

NOTA DA AUTORA

Hoje em dia, a maioria das mulheres não sabe como manter um homem interessado e comprometido com um relacionamento duradouro. Depois de ler este livro, você terá a capacidade e o poder de manter um homem desesperadamente apaixonado. Você será a mulher que ele sempre quis ter em toda a vida dele.

Algumas de vocês têm dificuldades para equilibrar as vidas profissional e pessoal sem ler um livro longo e cheio de teoria. O conhecimento, as pesquisas e as explicações são importantes, mas se você não souber como aplicá-los à sua própria vida, para que eles servem?

Você precisa de um guia passo a passo que lhe diga exatamente o que fazer e dizer, para ter um caso de amor eterno com o homem que você escolheu. É por isso que escrevi este livro. *Desejo* tem exemplos nos quais você pode se basear, é fácil e rápido de ler, estabelece princípios de fácil compreensão e lhe diz exatamente o que fazer e dizer para ter resultados imediatos.

No início dos Capítulos de 2 a 7 você verá algumas das cartas, que algumas participantes de meus seminários receberam de seus maridos ou namorados, e que mostram os resultados de meu trabalho.

Não alterei a pontuação, a gramática ou a estrutura das frases, porque quero que você leia as cartas ou bilhetes como foram escritos. Obviamente, mudei os nomes para manter a privacidade das pessoas.

Incluí essas cartas e bilhetes para prepará-la para os resultados que se seguirão às sugestões dadas no livro e mostrar-lhe que a mulher em geral é perfeitamente capaz de mudar sua atitude e seu comportamento, beneficiando-se com os resultados.

Os homens que escreveram as cartas não são escritores, poetas ou formados em Letras. São apenas homens comuns, tão excitados com o novo comportamento de suas companheiras que foram estimulados a revelar seus sentimentos. Sei que você irá gostar delas tanto quanto eu.

Espero que você também receba sua carta de amor do homem da sua vida. E agora, vamos iniciar juntas sua nova aventura romântica.

Ellen Kreidman

UM

Conhecimento Obtido Através da Experiência

Se eu quisesse saber como ganhar muito dinheiro, não iria pedir a opinião de alguém que estivesse lutando para fazer o dinheiro durar até o fim do mês. Iria perguntar a alguém que fosse rico.

Se eu quisesse conselhos a respeito da educação de filhos, não iria procurar alguém que não tivesse filhos ou cujos filhos fossem delinqüentes. Eu falaria com uma pessoa que tivesse criado filhos felizes, carinhosos e bem-sucedidos, para saber o que ela havia feito.

Eu gostaria muito mais de ouvir o prêmio Nobel Linus Pauling, que tem mais de noventa anos, dizer como posso manter meu corpo saudável, baseado em sua experiência pessoal, do que uma pessoa de vinte e cinco anos, cujos conhecimentos são exclusivamente teóricos.

Falar é fácil. Todos estão dispostos a dar conselhos, saibam ou não a respeito do que estão falando. Os maxilares são as partes mais usadas de todo o corpo humano! Entretanto, conselhos corretos de uma fonte bem-informada não são conseguidos com facilidade.

2

Se você quisesse deixar de fumar, iria para uma clínica em que o responsável acende um cigarro após o outro enquanto tenta convencê-la de que deixar de fumar é facílimo? É claro que não! Ninguém é tão ingênuo.

Está na hora da nossa sociedade começar a questionar os critérios que definem quem é um especialista em que campo. Eu prefiro ouvir Jane Fonda, Rachel Welch ou Debbie Reynolds (que estão em grande forma) dizerem o que devo fazer com meu corpo, do que um robusto especialista no assunto, com um diploma em educação física. Richard Simmons fala com experiência e compreensão a respeito de como perder peso e fazer uma dieta adequada, porque ele fez isso. Sua experiência pessoal o torna um professor mais eficaz do que um doutor, que defendeu tese na universidade e adquiriu todos os seus conhecimentos em livros. Se depender de mim, está na hora de reconhecer um novo grupo de especialistas com as iniciais C.O.A.E. depois de seus nomes, significando *Conhecimento Obtido Através da Experiência*.

Se você deseja conselhos a respeito de como ter um relacionamento feliz, cheio de romance, respeito, dedicação e amor, precisa consultar um casal feliz que viva assim. Partindo dessa premissa eu criei o *Light His Fire*, um seminário sobre relacionamento baseado em experiências reais de pessoas com diplomas de C.O.A.E. Elas são as verdadeiras especialistas no campo do amor e da vida.

COMO TUDO COMEÇOU

Os primeiros anos do meu casamento foram quase perfeitos. Meu marido e eu tivemos dois filhos lindos e estávamos muito bem em termos financeiros. Tão bem que viajávamos freqüentemente por todo o mundo. Estávamos felizes, aguardando o nascimento de nosso terceiro filho, quando minha vida amorosa ruiu. Meu marido perdeu o emprego! Os meses se passaram sem perspectivas de emprego e nosso quadro financeiro começou a mudar. Finalmente, enfrentamos a bancarrota e, como se isso não bastasse, o pai do meu marido morreu e minha sogra pediu para vir morar conosco.

Passei a maior parte da minha gravidez chorando e sentindo muita pena de mim mesma. Quando nasceu meu filho, havíamos gasto todas as nossas reservas e mudado para uma casa muito menor. Meu marido finalmente conseguiu outro emprego, com uma remuneração muito menor que a do anterior, e minha sogra mudou-se para um apartamento nas vizinhanças, mas eu continuava irritada e me sentindo infeliz.

Uma tarde, extremamente deprimida, eu estava voltando do supermercado quando tive uma experiência que iria mudar minha vida para sempre. Enquanto aguardava a abertura de um sinal de trânsito, eu comecei a soluçar e a perguntar desesperada: "Então a vida é isso? Só isso?"

De repente, percebi dentro de mim uma voz que dizia: "Sim, Ellen, é isso aí. Para que as coisas mudem, *você* precisa mudar."

Fiquei chocada pelo fato de ter descoberto uma resposta à minha pergunta! Era como se houvesse outro ser dentro de mim.

Embora não o soubesse na ocasião, eu havia recorrido a uma fonte interior, um guia dentro de mim que me orientaria sempre que eu o permitisse. Desde aquele dia, tenho confirmado que *todos* nós somos nossos melhores terapeutas e nossos melhores médicos, se pudermos aprender a ouvir nosso instinto e fazer aquilo que sabemos que precisamos fazer. *Temos todas as respostas dentro de nós.*

Subitamente, ficou muito claro que minha vida e minha felicidade eram de minha responsabilidade. Minha satisfação teria que vir de dentro de mim, não de qualquer fonte externa. Como diz uma frase que tenho ouvido desde então, "Se é preciso mudar, *eu* é que terei que agir."

Foi naquele sinal de trânsito que decidi deixar de sentir pena de mim mesma e fazer algumas mudanças necessárias. Uma vez aceito o fato de que eu era responsável por minha vida, compreendi que meu casamento estava ameaçado. Meu marido e eu tínhamos estado tão ocupados sentindo pena de nós mesmos, que havíamos deixado de levar em conta um ao outro e também de fazer qualquer esforço de comunicação ou intimidade. Estava claro que a sobrevivência do meu casamento dependia de meus esforços, de reflexões e de tempo.

Apesar de todas as outras pressões que sofria, decidi me concentrar em meu casamento, porque havia investido nele anos demais para desistir sem lutar. Comecei a vê-lo como uma entidade separada. Havia meu marido, eu e o casamento. Este exigia mais esforço do que aquele que eu lhe vinha dedicando. Pensei em quando ainda éramos solteiros, lembrando que havia muitas ocasiões em que um de nós estava infeliz. Sofríamos pressões familiares, escolares, sociais e financeiras, mas nosso relacionamento era bom.

E tudo ia bem, porque separávamos nosso relacionamento de nossos problemas particulares. Um relacionamento, como uma corporação, consiste numa combinação de personalidades, mas tem vida própria. Assim como uma corporação requer dedicação e concentração para crescer, o mesmo acontece com um relacionamento entre duas pessoas. Talvez eu não estivesse com vontade de caminhar pela praia, mas o casamento *exigia* uma caminhada pela praia. Eu certamente não desejava passar um fim de semana a sós com meu marido, mas o casamento o *exigia*. Era muito difícil ligar para ele apenas para dizer que eu estava pensando nele e o amava, mas o casamento *exigia* esse telefonema. Era muito difícil planejar um jantar à luz de velas, mas o casamento *exigia* essa atmosfera. Fazer amor era a última coisa em que pensávamos, mas o contato e o alívio provenientes dessa união eram *exigidos* pelo casamento.

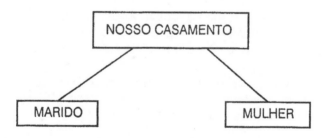

Se tudo o que fazemos na vida exige trabalho, por que não o casamento? Recebemos educação continuada para melhorar nossas vidas profissionais e para nos qualificarmos, visando a aumentos salariais e promoções; por que não fazer o mesmo para nossas vidas pessoais?

Enquanto buscava maneiras para melhorar nosso casamento, comecei a me perguntar por que alguns casais permanecem juntos e outros desistem. Mais tarde, naquele mesmo ano, comecei a pesquisar seriamente esse assunto. No decorrer de minhas pesquisas, entrevistei centenas de casais que haviam estado casados no mínimo dez anos e até cinqüenta anos. O que descobri foi que não é o que acontece conosco que determina a qualidade de nossas vidas com outra pessoa. É nossa atitude diante do que acontece que determina a qualidade das nossas vidas em conjunto. Descobri que a maior parte dos relacionamentos passa por problemas semelhantes. Todos eles têm sua parcela de desinteresse, rotina, problemas financeiros, problemas com os filhos, com os parentes e grandes desapontamentos com a vida. A diferença é que os problemas que podem provocar o fim de outros relacionamentos fazem com que certos casais se unam ainda mais.

NOVA PERSPECTIVA, NOVAS OPÇÕES

Armada com uma nova perspectiva e novas informações, comecei a aplicar aquilo que havia aprendido em minha própria vida e a partilhar minha experiência com outras mulheres. Sem saber se aquilo que eu tinha a dizer faria alguma diferença na vida de outras pessoas, aluguei um pequeno escritório, equipei-o com carteiras de sala de aula e, em maio de 1981, dei o primeiro seminário *Light His Fire*.

Desde então nos mudamos para instalações muito maiores e fiz palestras para milhares de mulheres a respeito de como dar um toque de alegria e entusiasmo a seus relacionamentos, incentivando a comunicação do casal. Hoje, o *Light His Fire* é um seminário de seis semanas no qual as mulheres aprendem que não podem despertar o desejo de ninguém, a menos que se sintam bem a respeito de si mesmas e partam de uma posição de força e conhecimento, não de fraqueza, subserviência ou ignorância. Há quatro anos, como complemento das classes femininas, comecei a ensinar aos homens como despertar o interesse de suas companheiras.

Também faço palestras para grupos e organizações. Muitas empresas progressistas — que compreendem a importância de se equilibrar a carreira profissional com uma vida pessoal satisfatória — têm pedido que eu fale aos seus funcionários. Assim como a profissão médica começou a aceitar a conexão mente-corpo e a necessidade de se tratar a pessoa por inteiro — física, emocional e mentalmente — as empresas americanas estão começando a ver a importância de tratar das questões pessoais das vidas dos seus funcionários, além das profissionais. Compreendendo que nossa vida pessoal afeta nossa vida profissional, muitas empresas que até recentemente tratavam somente das vidas profissionais de seus funcionários, começaram a preencher essa falha, apresentando programas como o meu. Elas estão começando a entender que um funcionário certamente terá mais razões para ganhar um salário excepcional se houver uma pessoa excepcional em sua vida.

Escrevi este livro para todas as mulheres que estão geograficamente impossibilitadas de participar de meu programa de seis semanas e também para aquelas que participaram mas queriam um livro para manter como lembrete ou para dá-lo às suas irmãs, amigas, mães e outras mulheres que não podem participar dos seminários. Finalmente, posso dizer que sim quando minhas alunas perguntam se tenho um livro. Agora, todas aquelas que não podem freqüentar minhas palestras têm condições de aprender os princípios que descobri, presentes em todos os relacionamentos maravilhosos pesquisados por mim. Se você aplicá-los ao seu próprio relacionamento, os resultados serão surpreendentes. Minha meta é mostrar como você pode manter o relacionamento com o qual sempre sonhou — cheio de amor, respeito mútuo, comunicação, romance, entusiasmo e interesse sexual. Tudo depende de você. *Você tem esse poder!*

Quanto às minhas credenciais, sou formada em psicologia e pedagogia, mas isso realmente não importa. Mais importante é o fato de estar casada há vinte e três anos com o mesmo homem e ter três filhos felizes e bem-ajustados. Mas o mais importante de tudo é que pratico aquilo que ensino e *ainda desperto o desejo em meu marido!*

A HISTÓRIA DE FRANKIE

Os pais de Frankie eram alcoólatras e se divorciaram quando ela tinha dois anos. Depois do divórcio, Frankie e seus dois irmãos passaram os dez anos seguintes vivendo com a mãe em barracos e carros, tentando sobreviver. Como o problema de alcoolismo da mãe piorou, ela não mais podia arcar com a responsabilidade de educar os filhos e o pai de Frankie ficou com eles. Entretanto, ele também não tinha condições de cuidar de adolescentes e um dia largou Frankie numa delegacia de polícia e pediu que a mantivessem lá para colocá-la na linha. Frankie contou às autoridades a respeito das condições desumanas em que ela e os irmãos haviam vivido durante anos. Foi então decidido que eles seriam enviados a uma instituição para menores abandonados.

Na instituição, Frankie suplicava a todos que lhe dessem ouvidos para encontrarem um lar decente para ela. Finalmente, depois de três meses, ela foi enviada àquele que seria o primeiro de muitos lares adotivos nos quais viveu até completar dezoito anos. Frankie diz que o que a fez enfrentar todos os difíceis, solitários e tristes dias e noites foi o sonho de um dia casar-se com um homem maravilhoso e ter filhos e um lar que fosse seu.

Esse sonho tornou-se realidade quando ela encontrou seu "príncipe encantado", mas depois de casar-se com Norm, Frankie compreendeu rapidamente como estava despreparada para o casamento. Sua falta de modelos, de experiência e de conhecimento conduziram a frustrações que afetaram sua saúde. Durante anos ela buscou respostas em toda parte, mas os amigos, psicólogos, a TV e os livros nunca pareciam lhe dar as orientações necessárias. Ela finalmente aprendeu a aceitar um casamento medíocre. "Afinal", raciocinou ela, "tenho dois filhos lindos e um marido que traz dinheiro para casa e nos dá um teto". Contudo, Frankie sentia que alguma coisa estava faltando.

Frankie estava casada havia dezoito anos quando uma amiga insistiu para que ela fosse a uma de minhas palestras. Sua reação inicial foi: "Eu não preciso disso. Ele é que precisa! Já li todos os livros, tive todas as aulas e fiz até terapia." Com relutância, ela finalmente se inscreveu em meus seminários, com duração de seis semanas.

As mudanças foram imediatas e profundas. Os seminários não só revolucionaram o casamento de Frankie, mas também melhoraram seu relacionamento com os filhos e, mais importante, mudaram seus sentimentos a respeito de si mesma. Pela primeira vez na vida, Frankie não estava recebendo teoria, mas exemplos concretos do que era preciso fazer para melhorar seu relacionamento e também sua vida. Ela aprendeu a livrar-se da raiva para poder conseguir romance, comunicação, alegria e intimidade em sua vida. Com o passar das semanas, Frankie começou a ver resultados imediatos. Naquelas seis semanas, ela aprendeu mais a respeito do marido do que nos dezoito anos anteriores. Ela começou a ter um caso de amor com o marido e os arrepios que sentia aos dezoito anos voltaram aos trinta e seis anos. A partir do momento em que Frankie teve as orientações certas para melhorar seu relacionamento, seus temores, sua frustração e sua solidão desapareceram.

Este livro se destina a todas as mulheres que já sonharam com finais felizes e acreditaram que os contos de fadas podem se tornar realidade. Creio que se você aplicar os conhecimentos que estão nas próximas páginas, terá o mesmo sentimento de realização e de força que Frankie tem hoje, a força de uma mulher apaixonada e dona de seu próprio destino.

Para todas as mulheres que vêm de um lar desajustado, existe finalmente uma forma de garantir que tudo dê certo em sua própria casa. Frankie costumava pensar que era a garota mais feliz do mundo por ter um marido como Norm, mas hoje ela pode dizer honestamente que Norm é o homem mais feliz da Terra por tê-la como mulher.

FINAIS FELIZES

A história de Frankie não é a única. Centenas de mulheres têm me contado como meus seminários foram bons para elas.

* Mary começou a receber cartas de amor depois das primeiras aulas. Ela recebeu duas propostas de casamento e três dúzias de rosas em um só mês.

* Jane sempre tivera medo de homens. Com sua nova compreensão e seu novo discernimento, ela foi capaz de realizar um antigo sonho de prestar consultoria de marketing pessoal a empresários.

* Depois de Cindy ter feito apenas três lições de casa, seu parceiro, que estava com ela havia quatro anos, pediu-a em casamento.

* No início dos seminários Julie, uma mulher forte e dinâmica, mantinha um relacionamento que não estava indo a lugar nenhum.

Ao fim das seis semanas, ela aprendeu a canalizar sua força e energia para um bom relacionamento e seu companheiro se transformou num novo homem que não exigia que ela se contentasse com menos.

* Quando Sharon veio à primeira aula, estava convencida de que não havia nada que eu pudesse lhe ensinar a respeito de relacionamentos que ela já não conhecesse. Seis semanas depois, ela tinha mensagens de amor e rosas por toda a casa. Obviamente, ela não sabia algumas coisas que precisava saber.

* O casamento de Bonnie estava acabado e o divórcio, quase concluído. Ela veio ao seminário só para fazer companhia à irmã. Depois de seis semanas, Bonnie e o marido partiram para uma segunda lua-de-mel — um cruzeiro ao redor do mundo!

Estas são algumas das histórias de sucesso de mulheres comuns que hoje têm vidas extraordinárias. São mulheres de todos os tipos — casadas, solteiras, profissionais, donas-de-casa, idosas e jovens. Se elas conseguiram isso, você também pode conseguir.

SUA PROMESSA, MINHA PROMESSA

Quero que você prometa que, deste momento em diante, irá assumir plena responsabilidade pela sua felicidade. Você sempre pode encontrar alguém disposto a lhe dizer o que deve e não deve fazer, mas não importa quem seja — seu marido, seu pai, sua mãe, uma amiga, ou mesmo uma vizinha — sempre será melhor que você tome suas próprias decisões com respeito à sua felicidade. Se você se esforçar para melhorar, irá automaticamente construir um relacionamento melhor com seu companheiro. Por outro lado, se você se dedicar a melhorar seu companheiro, isso levará a desapontamentos e ao fracasso. Não podemos melhorar o comportamento dos outros — somente o nosso.

Em todo relacionamento amoroso existe uma reação em cadeia. Se você mudar, seu companheiro irá reagir à mudança ocorrida em você. Por exemplo, Anna, que freqüentou um de meus seminários, disse-me que todas as sextas-feiras à noite seu marido saía com "os amigos" e sempre voltava para casa bêbado às três da manhã. Algumas vezes ele chegava a abordá-la para fazer sexo (não amor) quando estava nessas condições. Anna detestava as noites de sexta; já na quarta-feira ela começava a pedir ao marido que ficasse em casa na sexta e a briga começava. Certa noite de sexta-feira, enquanto seu marido se preparava para sair, ela abraçou-o, beijou-o e disse: "Querido, tenho sido muito egoísta. Você dá duro a semana inteira e realmente merece uma noitada. Quero que você se divirta e, quando voltar, estarei à espera com um lanche preparado para você."

O marido olhou para ela e gritou: "Não espere, nem faça lanche nenhum! Não sei a que horas voltarei!"

E saiu batendo a porta. Naquela noite, pela primeira vez em dezesseis anos, ele voltou antes de meia-noite e havia tomado apenas duas cervejas. Embora tivesse reagido automaticamente à sua mulher da mesma forma de sempre, depois de sair ele deve ter dito a si mesmo: "Puxa, ela me disse uma coisa gentil e veja como eu reagi. Isso me faz sentir muito mal (e provavelmente um pouco culpado)." Não importa se foi a culpa que o fez mudar seu padrão usual; o importante foi o resultado — ele voltou cedo e não estava bêbado.

Minha promessa é que, ao aplicar os princípios ensinados neste livro, você verá mudanças incríveis, quase mágicas, ocorrerem em sua vida e, o mais importante, em seu companheiro. Sua comunicação com ele irá melhorar. Você receberá uma chuva de presentes e outros indicadores do valor que ele lhe dá. Você se sentirá especial e importante. Acima de tudo, você sentirá mais paz interior e felicidade do que nunca.

Além disso, você descobrirá que meus princípios e minhas técnicas têm efeito multiplicador — os mesmos princípios que servem para o desenvolvimento de um relacionamento mais amoroso com seu marido, quando aplicados aos seus filhos, irão torná-los mais ponderados e solícitos. Se aplicados no local de trabalho, seu chefe a valorizará e a admirará mais. Quando sua vida amorosa pessoal vai bem, todos se beneficiam com sua felicidade.

Milhares de mulheres que freqüentaram minhas aulas aprenderam que:

* Você não precisa aceitar uma vida medíocre.
* Você não precisa aceitar um relacionamento desinteressante.

* Você não precisa aceitar ervas daninhas quando pode ter um jardim.
* Você não precisa aceitar migalhas quando pode ter um banquete.

Antes que essas mudanças possam ocorrer, são necessárias novas atitudes e novos comportamentos de sua parte. Nos próximos capítulos, você receberá as informações de que necessita para que isso aconteça. Você será solicitada a dizer e fazer coisas que podem ser um pouco desagradáveis ou mesmo estranhas, mas sei que uma vez feitas, as recompensas serão fantásticas e os resultados serão surpreendentes.

Caminhadas pela praia ao luar, jantares românticos à luz de velas, abraços, beijos, olhares secretos e presentes estão à sua espera. Suas novas respostas aos velhos comportamentos dele farão de você a heroína na romântica novela da vida.

DOIS

Será Que Mereço Isso?

Lois tinha resolvido se separar depois de vinte e dois anos de casamento. "Pra mim chega", disse ela quando nos conhecemos. "Quero pôr fogo nele, e não atiçar o seu desejo."

Lois não conseguia entender por que o marido não compreendia que seu modo de pensar e fazer era o certo. Quando entendeu que as diferenças entre eles não eram uma questão de certo ou errado e permitiu que o marido fosse ele mesmo, o relacionamento entre os dois mudou tremendamente. Como resposta à nova atitude de aceitação dela, seu marido tomou-a nos braços e disse: "Esta sim é a mulher com quem me casei." Pouco tempo depois, ele lhe enviou flores pela primeira vez em vinte e dois anos, com o seguinte bilhete:

Como expressar em palavras o que tenho sentido ao estar com você nestas últimas semanas? Sinto-me de novo um adolescente. Mal posso esperar para voltar à minha casa, para a nova mulher da minha vida. A mudança na maneira pela qual você me trata me faz querer mimá-la com presentes pela primeira vez em anos. Obrigado por voltar a ser a mulher com quem me casei.

Com todo o meu amor,

Stan

O primeiro princípio para que um relacionamento amoroso dê certo é amar uma pessoa pelo que ela é, não por aquilo que você fantasia que ela deveria ou poderia ser. Isso é amor em sua forma mais pura — a espécie de amor que a maioria das mulheres dá aos seus filhos recém-nascidos. Não são necessárias qualificações para se receber esse amor; ele é automático.

Somente depois que a criança começa a crescer é que começamos a usar a palavra *se*. "Amarei você *se* tirar boas notas." "Amarei você *se* me der motivo de orgulho." "Amarei você *se* fizer aquilo que eu disser."

Fazemos o mesmo com nosso companheiro. No início, quando você se apaixona, ama essa pessoa por aquilo que ela é. Mais tarde seu amor se torna condicional: "Amarei você se ganhar mais dinheiro." "Amarei você se se mostrar mais interessado." "Amarei você se deixar de ver tantos esportes na TV." "Amarei você se for um pai melhor."

Se você, como companheira ou mãe, estiver oferecendo amor condicional — um amor que tem sempre um *se* ligado a ele — então será necessário que seu companheiro ou seu filho seja do jeito que você quer para merecer seu amor. O amor condicional exige que uma pessoa se pergunte se ela é merecedora, se satisfaz as exigências ou se, de alguma outra forma, tem as qualidades necessárias para ser amada. Qualificação é necessária para um emprego, *não* para um relacionamento! Amor incondicional significa que não há pré-requisitos, contingências ou exigências para o seu amor. Trata-se de um presente que é dado sem fitas que o amarrem. *Aquilo que você vê é aquilo que você ama!* Não é este o caso da sua vida profissional. Nela você precisa satisfazer exigências, passar por inspeções, ter sucesso; mas não pode ser assim em sua vida pessoal. Impor condições para amar, torna o amor muito impessoal.

VOCÊ ESTÁ SEMPRE SENDO TESTADA

Você já percebeu com que freqüência e de quantas maneiras diferentes é testada pelo seu companheiro? Quando um homem pergunta à sua mulher: "O que acontecerá se eu conseguir esta promoção e tivermos que nos mudar para outro estado?" A resposta mais comum é: "O que você quer dizer com mudar para outro estado? Não vamos a lugar nenhum! Moro perto de Joan há dez anos e não quero me mudar!" O que ele gostaria de ouvir é: "Não importa onde vivemos. Poderíamos viver em uma barraca ou numa ilha deserta e eu ficaria feliz, desde que estivéssemos juntos." Uma resposta como essa dá espaço à comunicação. Assim ele poderá lhe contar a respeito dos seus sentimentos confusos e do tormento que pode estar atravessando. Se um homem se sentir verdadeiramente amado, então desejará tomar a melhor decisão possível para todos os envolvidos e também ser a melhor pessoa que puder para você.

Outra questão séria para os homens é: "O que acontecerá se eu não conseguir este aumento?" Com muita freqüência as mulheres respondem: "Por que você está perguntando isso?" "Não seja tão negativo", "Se você continuar a se esforçar, conseguirá o aumento!" "Como você acha que iremos conseguir manter as crianças na escola e agüentar a inflação se você não tiver o aumento?" ou "Se você não receber a promoção, entre simplesmente na sala do seu chefe e diga-lhe que a merece!"

Na verdade, o que seu companheiro precisa de fato ouvir é: "Não irá acontecer nada. Nós daremos um jeito. Apertaremos o cinto e iremos em frente. O que importa é que estamos juntos e eu o amo."

Foi essa a minha resposta quando meu marido perdeu o emprego. Quando acabamos nos vendo diante da ruína financeira total, todos os dias ele perguntava: "O que irá acontecer se eu não conseguir outro emprego? O que iremos fazer?"

Até perceber que nosso casamento estava ameaçado, eu participava do medo do meu marido e me preocupava junto com ele. Quando deixei de sentir pena de mim mesma e pude me concentrar nas necessidades dele, minha resposta às suas preocupações mudou. Eu passei a lhe dizer que enquanto estivéssemos juntos, nada mais importava. "Começamos sem nada e podemos recuperar tudo. Superaremos isso juntos." Com apenas um pouco de apoio de minha parte, ele conseguiu se dirigir a mim de forma amorosa e encontrar a força interior necessária para superar nossas dificuldades. Muitos anos depois, quando meu marido estava relembrando aqueles tempos difíceis, ele tomou-me em seus braços e disse o quanto meu amor e meu apoio constante haviam significado para ele: "Você me aliviou de muitas pressões", disse-me em segredo.

O princípio de amar um homem por aquilo que ele é foi captado por uma aluna chamada Kathy no momento certo em que ela deveria colocá-lo em prática. Na noite em que discutimos isso em classe, Kathy voltou para casa e encontrou seu marido diante do espelho, passando as mãos pelos cabelos. "Estou começando a perder cabelos", disse ele. "Veja, minha testa está aumentando. O que acontecerá se eu ficar careca?"

Kathy passou os braços ao redor dele e disse: "Não acontecerá nada. Eu o amo e estou muito contente por você ser meu. Você é o homem mais bonito que conheço — com ou sem cabelos. Além disso, ser careca é *sexy*. Veja todas as mulheres que desejavam Yul Brynner."

Sem a lição de amor incondicional e sem saber que a pergunta do marido era um teste, Kathy teria respondido de forma muito diferente, talvez dizendo algo do tipo "Bem, você poderá fazer um transplante. Isso é muito comum e hoje em dia nem custa tão caro."

Pior ainda, ela poderia ter rido e dito: "Não posso imaginá-lo careca. Isso seria horrível!"

Em vez disso, ela foi capaz de tranqüilizar seu marido quanto ao seu amor e ele reagiu beijando-a e dizendo o quanto a amava.

Penny, uma aluna com pouco mais de cinqüenta anos, falou timidamente a respeito do medo que seu marido tinha de ficar impotente. Ela contou que, certa noite eles estavam prestes a fazer amor, quando ele se afastou e disse: "Não consigo." O primeiro impulso dela foi de reagir com raiva.

Ótimo, pensou ela. No fim do mês vamos partir para um cruzeiro, e ele não pode fazer amor. Isso significa que não *quer* fazer amor comigo!

Em vez disso, ela disse: "Tudo bem. Para mim, o importante é sentir você me abraçar."

O marido disse: "Tenho cinqüenta e oito anos. E se eu não conseguir mais fazer amor?"

(Mais uma vez, o teste.)

Penny respondeu: "Não vai acontecer nada. Amo você agora e sempre irei amá-lo, não importa o que aconteça. Você tem estado sob tanta pressão ultimamente que não é de admirar que não possa relaxar."

Quando ele se perguntou em voz alta se deveria ir a um médico, Penny tranqüilizou-o.

"Não", disse ela. "Acho que você precisa apenas aprender a relaxar."

Ela acariciou os cabelos dele enquanto reafirmava seu amor e dizia: "A única coisa que importa é o quanto eu o amo. Quero apenas que você me abrace", e eles adormeceram abraçados.

Algumas semanas depois, recebi uma carta de Penny dizendo que ela estava vibrando com os resultados do seu amor incondicional. Eles fizeram um cruzeiro maravilhoso, fazendo amor todas as noites, como recém-casados.

Lembro-me de outra mulher que levantou a mão durante minha aula e nos contou que tinha ido lá para expressar seus sentimentos. Ela achava que seu marido somente a amava quando a casa deles estava impecável, mas o que ela precisava realmente sentir era que ele a amava, pois isto lhe daria disposição para limpar sempre a casa. Talvez você precise reler isto algumas vezes para entender o que significa de fato sentir-se amada.

A pessoa que se sente amada por aquilo que faz ou tem se sente *usada*, não amada. O amor deve ser dado como um presente, sem se pedir nada em retorno. Ele deve dizer: "Amo-a por você ser quem é e tenho muita sorte por tê-la em minha vida!"

Como meu marido havia sido nadador nos seus tempos de estudante, meus filhos começaram a nadar quando eram muito pequenos. Quando meu filho estava com doze anos, enjoou da natação e quis parar. Uma noite, ele veio me dizer o quanto queria parar, mas temia que, se o fizesse, seu pai e eu fôssemos detestá-lo.

Abracei-o e disse: "Nós *nunca* poderíamos detestá-lo. Amamos você porque é nosso filho." Depois, eu lhe perguntei se ele continuaria amando seu pai se este perdesse o emprego e parasse de ganhar dinheiro.

Ele me olhou espantado e disse: "Sim, é claro que eu continuaria a amá-lo."

Então eu perguntei se ele me amaria se eu deixasse de cozinhar. (Mal sabe ele que esta é uma possibilidade real!)

Mais uma vez ele disse: "Sim, é claro." E então eu perguntei se ele amaria as irmãs se elas parassem de nadar. Ele respondeu novamente que sim.

"Então aquilo que temos ou não temos, fazemos ou não, nada tem a ver com o amor que você sente por nós, certo?" perguntei. "Certo", respondeu ele.

"Bem, o mesmo se dá conosco. Sempre amaremos você, não importa o que faça ou deixe de fazer, o que tenha ou não tenha. Você nada porque é muito bom nisso, seu coração e seus pulmões estão em boa forma e porque seu pai realmente gosta muito desse esporte. Mas entenda isto — o fato de você nadar ou não, nada tem a ver com nosso amor por você."

Ele acabou indo jogar futebol, um esporte do qual gosta até hoje. Tive a sorte de poder reforçar meu amor incondicional por meu filho e lhe dar opções.

Quando esses garotos crescem e se tornam nossos companheiros, continuam precisando de garantias de que serão amados, não importa o que façam ou deixem de fazer, tenham ou deixem de ter, sejam ou deixem de ser. Eles precisam saber que nosso amor não irá desaparecer.

LIXO OU TESOURO?

Talvez você esteja se perguntando como pode amar alguém incondicionalmente, quando há tantas coisas a respeito dele das quais não gosta. A resposta está em alguns ajustes de atitude. Você precisa mudar seu modo de pensar e compreender que ser humano é ter defeitos, assim como virtudes; ninguém é perfeito ou uma cópia de você.

Aquilo que você define como defeito é muito subjetivo — o que é lixo para uma mulher pode ser um tesouro para outra. Um defeito que você vê em seu marido pode ser considerado uma virtude por outra mulher. Por exemplo, se você fica aborrecida porque ele é muito ambicioso, há muitas mulheres que acham seus companheiros muito acomodados e dariam qualquer coisa para que eles fossem mais impetuosos. Para cada mulher que acha que seu marido gasta tempo demais com os filhos, há outra que acha o contrário. Algumas mulheres reclamam que seus maridos são maníacos sexuais que querem fazer amor o tempo todo. Outras dariam qualquer coisa para ter um homem assim, porque seus maridos não se interessam por sexo. Para cada aspecto que você julga negativo, há outra mulher que o considera positivo.

Não é à toa que dizem que "o amor é cego". Quando você se apaixonou por seu companheiro, viu apenas seus atributos positivos. Só mais tarde começou a ver todos os seus traços negativos. No início, você pode tê-lo achado gentil e despreocupado — e agora diz que ele é tolo e inconseqüente. No início, você se encantava com sua maneira tão afetuosa. Anos depois, você acha que ele exagera no sexo. Você se sentiu atraída porque ele gostava de fazer viagens diferentes. Agora, ele é um nômade compulsivo. Se antes ele era fã de esportes, agora você o considera um fanático. Você o admirava por ser autoconfiante, agora você o considera um convencido.

O interessante é que, se ele se envolver com outra mulher, ela verá somente seus atributos positivos. Pela primeira vez, depois de muitos anos, ele poderá voltar a se sentir bem consigo mesmo, quando estiver com ela.

POR QUE OS HOMENS SE APAIXONAM

Em sua maioria, os homens que tenho entrevistado — casados ou solteiros — concordaram que se sentiram cativados por aquela mulher especial que os fazia se sentirem mais fortes, capazes, inteligentes, atraentes ou instruídos.

Por exemplo, Michael, que era quieto e retraído, disse-me que sempre fora um solitário. Quando estava em um grupo, sempre ouvia com atenção, mas nunca se sentia confiante para dar sua opinião. Ele comentou comigo como passou a se sentir depois de sair algumas vezes com Melinda.

"Ela sempre comentava que adorava meu jeito despreocupado", disse ele. "Melinda era muito tensa e disse que se sentia mais calma e serena quando estava comigo. Pela primeira vez na vida, comecei a me sentir satisfeito com minha personalidade."

Um homem chamado Patrick contou-me sobre as diferenças entre o que sentia quando estava com sua ex-mulher e quando está com sua atual namorada.

20

"Acho que tenho um forte impulso sexual. Com minha ex-mulher, eu me sentia como se fosse um maníaco. Ela reclamava que eu era anormal e vivia me dizendo para tomar uma ducha fria, dar uma caminhada ou ir a uma academia para descarregar meus desejos.

"Minha namorada, por outro lado, faz com que eu me sinta desejado. Ela me diz que sou afetuoso e apaixonado e que ela gosta disso."

Ele terminou dizendo: "Viver com uma mulher incompatível estava me levando a duvidar de mim mesmo. É tão bom sentir que sou normal."

Hank, um corretor de valores que se considera entendido nessa área, recordou que sempre que saía com uma mulher, tentava impressioná-la com seus conhecimentos. "Eu até lhes dava assessoria financeira gratuita", disse ele. "Mas quando Marilyn entrou em minha vida, eu me senti um gênio", prosseguiu. "Ela ficava espantada com o quanto eu sabia a respeito de diferentes empresas e ficava horas ouvindo minhas explicações sobre as transações do dia. Marilyn fazia com que eu me sentisse muito inteligente porque dava valor a quem eu era."

Sam é vendedor viajante. "Passo na estrada pelo menos quatro dias por semana e minha antiga namorada reclamava, choramingava e brigava por causa do tempo que eu ficava fora. Casei-me com Suzie porque ela achava que meu trabalho era muito estimulante devido às viagens e que eu era muito interessante. Suzie ficava, e ainda fica, ansiosa para eu voltar e contar em detalhes o que aconteceu durante a semana. Ela faz com que eu me sinta o maior aventureiro do mundo."

Ken declarou que nunca se havia achado atraente até conhecer Karen. "Nunca fui admirado pelas mulheres e quase não namorei enquanto estava no curso colegial", disse ele. "Karen e eu estamos casados há vinte e sete anos e quando estou com ela ainda me sinto o homem mais atraente do mundo. Ela sempre faz comentários sobre como sou bonito e sobre meu corpo enorme."

"Quem sou eu para discutir com uma pessoa maravilhosa como minha mulher, que ainda me vê como seu 'Adonis'?" perguntou ele ruborizado.

Patrick pratica musculação e conheceu sua mulher na academia onde costumava se exercitar. "Lembro-me do dia em que nos conhecemos. Ann estava fazendo exercícios em um aparelho ao meu lado. Ela se voltou para mim e perguntou: 'Como você faz isto parecer tão fácil? Estou dando um duro danado e você faz o exercício parecer moleza'."

"Como eu poderia deixar de conhecer esta mulher?" prosseguiu ele. "Depois de seis anos de casados, ela ainda admira meus músculos. Todas as vezes que vemos um sujeito musculoso na praia, ela sussura: 'Você está mais em forma do que ele'. Acho que me sinto mais *sexy* quando estou com ela. Ann chegou a dizer à nossa filha de três anos que ela tem muita sorte em ter um pai em tão boa forma", concluiu Patrick orgulhosamente.

Você está começando a perceber? **Os homens se apaixonam devido à maneira como se sentem a respeito de si mesmos quando estão com você.** Uma das razões pelas quais meu marido se apaixonou por mim foi porque eu sempre ri das suas piadas. Ele se sentia bem perto de mim, porque eu o achava muito engraçado. (A propósito, eu ainda rio das piadas dele.) Normalmente, quando um homem, não se sente mais seguro de si, em sua companhia, ele procura outra mulher. É por isso que acontecem os casos. Não é que ele esteja apaixonado pela outra mulher é que *ele está adorando sentir-se autoconfiante* quando está com ela. Assim, se você quiser recuperar seu caso de amor com seu marido ou companheiro, terá que fazê-lo sentir-se seguro e autoconfiante. Caso contrário, o máximo que poderá fazer será trocá-lo por outro homem, com outros pontos fortes e fracos.

Suponha que você trocou seu companheiro por um "príncipe encantado". Este novo homem é tudo aquilo que o anterior não era. Por exemplo, ele é sensível e atencioso, mas devido a isso tem muitos amigos que ligam constantemente para lhe pedir conselhos ou ajuda. Ou talvez ele tenha uma filha de doze anos com quem passa tempo demais, ou uma mãe doente que exige muito da sua energia e do seu dinheiro. Você pode ter se apaixonado porque ele é comunicativo e o anterior não era. Mas devido a isso, ele sempre monopoliza a conversa e não percebe seus sentimentos porque está centrado em si mesmo. Ou finalmente você acha um homem que ganha muito bem, mas devido ao seu sucesso fica fora grande parte do tempo. Então, você se sente solitária, o que não acontecia quando vivia com um homem que chegava em casa todos os dias às seis da tarde. Talvez você tenha encontrado o maior romântico do mundo — um verdadeiro Casanova. O problema é que ele ama todas as mulheres e suas paqueras deixam-na tremendamente enciumada. De uma coisa eu tenho certeza — quanto mais você conhecer qualquer um desses homens, mais traços desagradáveis irá descobrir — a menos que aprenda a mudar de atitude, e não de homem.

SEU HERÓI PARA SEMPRE

A toda ação corresponde uma reação. Para todo traço há uma reação. Você precisa aprender a reagir de forma positiva e parar de fazer julgamentos. Quando você se concentra nas forças de um homem, ao invés de suas fraquezas, consegue um comportamento mais positivo.

Mort Sahl fez um comentário no programa de Johnny Carson: "As mulheres sempre se casam com um homem esperando que ele mude. Os homens sempre se casam com uma mulher esperando que ela nunca mude."

Parece que as mulheres iniciam um relacionamento dizendo: "Sei que há muitos aspectos dele que não me agradam, mas espere até eu dar um jeito nele. Você não irá reconhecê-lo."

Os homens, por seu lado, dizem: "Quando estou com esta mulher, sinto-me um rei. É maravilhoso. Espero que ela nunca mude. Quero me sentir sempre assim." Esse é, a propósito, o motivo pelo qual ele quer se casar com ela. Ele quer se sentir como seu herói pelo resto da sua vida.

Quando você começa a se preocupar com todas as coisas que considera fraquezas e tenta mudá-lo, o amor que você sentia começa a morrer.

SEM SOFRIMENTO NÃO HÁ CRESCIMENTO

Não seria simples se nos apaixonássemos por alguém exatamente igual a nós — os mesmos interesses, a mesma personalidade, a mesma sensibilidade? Certamente que não! E sabe por quê? Por que estamos nesta jornada chamada vida para aprender e crescer, e você não aprende nada quando está em completa concordância com outra pessoa. O conflito leva ao crescimento – mas não precisa levar ao divórcio.

Ouvi, há muitos anos, uma palestra de Bruno Bettleheim sobre a família; alguém perguntou qual era, na opinião dele, o maior problema das famílias americanas. Ele respondeu que o maior problema era que elas pensam que *não deveria haver problemas*. Concordo plenamente. A maioria dos homens e mulheres acha que um relacionamento cheio de conflitos ou problemas não pode dar certo. Ao contrário, eu acredito que um relacionamento não pode dar certo a menos que *haja* problemas e conflitos.

Temos amigos indianos, cujo casamento foi arranjado. Eles são mais felizes do que qualquer outro casal que conheço, porque se casaram sabendo que este é um processo permanente. O casamento não é um fim, mas um início.

Na verdade, nossos amigos indianos nem mesmo pensam em si mesmos como seres humanos, porque isso significaria estagnação. Ao contrário, eles pensam em si mesmos como pessoas capazes de se transformar, um conceito que envolve crescimento. Portanto, todas as pessoas capazes de se transformar e que estão interessadas em crescimento precisam compreender que sempre haverá conflitos, especialmente porque somos quase sempre atraídos por alguém que é diferente de nós. Mesmo vivendo sozinha, você tem conflitos internos. Por exemplo, às vezes fico realmente aborrecida e entro em conflito por ter dito ou feito alguma coisa sem pensar. Então, se é tão fácil irritar-se consigo mesmo, como não se irritar com outra pessoa?

Muitos homens e mulheres me contaram histórias a respeito de como os conflitos levaram ao crescimento em suas vidas e em seus relacionamentos.

Ruth, por exemplo, contou-me que, depois de quinze anos de casada, ela decidiu trabalhar. Matt, seu marido, concordou que talvez fosse uma boa idéia. Mas quando Ruth começou a trabalhar, logo ficou claro que ela não poderia continuar cuidando de todas as tarefas domésticas, como fazia quando ficava em casa em tempo integral.

Entretanto, seu marido esperava que ela continuasse cuidando da casa e não queria alterar a vida dele em nada. Ruth disse que eles discutiram como loucos durante seis meses, até que finalmente decidiram que para que o casamento desse certo eles precisariam chegar a um acordo. Eles concordaram em dividir o trabalho igualmente, e descobriram que, além dos trabalhos domésticos, havia várias coisas que precisavam ser feitas ao final de cada dia:

* As crianças precisavam ser apanhadas na creche.
* Normalmente havia algumas compras a serem feitas, no supermercado, na loja de departamentos ou na farmácia.
* O jantar precisava ser preparado e a louça lavada.
* Era preciso dar banho nas crianças, que eram muito pequenas.
* A casa precisava ser arrumada.
* As crianças precisavam passar algum tempo com os pais antes de irem dormir.
* Era preciso retornar os telefonemas recebidos de familiares, amigos e colegas de negócios.

Eles fizeram uma lista. Todos os domingos eles a revisavam e dividiam as tarefas da semana seguinte. Esta abordagem levou a um relacionamento mais descontraído e feliz. Ruth ganhou auto-estima, porque gostava de trabalhar e contribuir para a renda familiar. Quando Matt se deu conta do quanto ela havia feito pela família nos quinze anos de casamento, passou a valorizá-la muito mais. E também sentiu-se menos pressionado para ganhar dinheiro, devido à renda adicional do trabalho de Ruth.

Se Ruth tivesse tentado ser uma supermulher para evitar discussões, seu casamento continuaria se deteriorando e poderia acabar em divórcio. Em vez disso, o casamento deles melhorou com os conflitos que eles enfrentaram durante vários meses, porque os forçou a crescer e mudar.

Frances era secretária executiva e ganhava muito bem quando conheceu Frank. Ela tinha um antigo desejo de estudar Direito. Pouco depois de terem se casado, Frances tocou no assunto de deixar de trabalhar para estudar em tempo integral, uma idéia que foi mal recebida por Frank. "Ele queixou-se amargamente a respeito do corte que haveria em nossas finanças, se eu deixasse de trabalhar", disse ela.

"Se você não trabalhar, não poderemos comprar aquele apartamento que você tanto quer, nem tirar férias dispendiosas!" gritou ele.

"Discutimos constantemente a esse respeito por três meses, antes de eu decidir finalmente que precisava ir atrás do meu sonho, ou nunca seria feliz. Aqueles três meses foram um absoluto pesadelo", lembrou Frances. "Posso dizer com honestidade que me formei em Direito *apesar do meu marido*. Até hoje não sei como ficamos casados durante aquele período."

Frances se formou e hoje trabalha em um conhecido escritório de advocacia — e Frank é seu maior admirador! Ele adora gabar-se a respeito de sua mulher e diz a todos que se orgulha muito da coragem das suas convicções. A nova carreira de Frances também possibilitou que eles aproveitassem muitas coisas boas da vida, inclusive ter uma casa nova e fazer um safári na África — um dos maiores sonhos de Frank.

Mais uma vez, o crescimento deste casal não teria sido possível se Frances tivesse decidido que suas metas eram menos importantes do que manter a paz. Embora ela pudesse ter apaziguado o marido, permanecendo em um emprego que não a satisfazia, seu ressentimento em relação a ele teria impedido a felicidade que eles sentem hoje.

Quando entrevistei Carl, ele contou que o conflito em seu casamento havia levado ao crescimento. "Nos fins de semana, tudo o que eu queria fazer era relaxar e ver esportes na TV", disse ele.

Por outro lado, Tanya, sua mulher, queria a companhia dele nos fins de semana e insistia que ele fosse olhar vitrines ou caminhar com ela, para que pudessem ficar juntos. Depois de meses de discussões, eles chegaram finalmente a um acordo. Carl concordou em sair com Tanya nas noites de sábado e em passear com a família aos domingos, desde que ele pudesse descansar e ver TV aos sábados à tarde.

Esse conflito melhorou muito a vida deles. Tanya aprendeu a não ser tão dependente da companhia de Carl e começou a marcar compromissos com suas amigas para almoços e compras. Carl, por seu lado, aguardava com ansiedade as saídas nos sábados à noite e ficou mais próximo dos filhos nas aventuras aos domingos.

Marla falou-me a respeito da frustração que havia sentido em conseqüência de ser a responsável pelos pagamentos do casal. "As extravagâncias estavam arruinando nosso orçamento e discutíamos isso constantemente", disse ela. Finalmente ela se encheu e, certa noite, entregou a Ted o talão de cheques e as contas, dizendo:

"Aqui está tudo. Pague as contas, porque ninguém mais o fará e o cobrador virá bater em nossa porta. Para mim chega. Simplesmente não estou disposta a ficar mais com esta responsabilidade."

Ted assumiu a tarefa e Marla permaneceu firme em sua decisão de ficar fora. "Os primeiros meses foram difíceis", disse ela. "Havia muitas por atraso e pilhas de contas não pagas, mas eu ignorava tudo. Então, uma noite Ted chegou-se a mim e me abraçou."

"Você tinha razão", disse ele gentilmente. "Eu estava de fato gastando demais. Finalmente coloquei em dia todos os pagamentos e estou determinado a continuar assim. Chega de fazer compras sem pensar", prometeu ele.

Mais uma vez, Ted assumiu um comportamento responsável, como resultado de um conflito, o qual também contribuiu para melhorar seu casamento.

Um casal que nunca discute provavelmente não ficará unido e, caso fique, a energia de ambos será gasta com ressentimentos e hostilidade, em vez de crescimento.

OS OPOSTOS SE ATRAEM – BANAL, MAS VERDADEIRO

Tenho constatado que as pessoas quase sempre são atraídas por alguém que possui traços dos quais elas carecem. Por exemplo, se você é espontânea e gosta de agir por impulso, seu companheiro provavelmente será um homem que acha que você está louca quando fala de repente: "Vamos até Palm Springs amanhã." A reação dele provavelmente será: "Você está doida? Preciso de tempo para me preparar para uma viagem, não posso largar tudo de repente!"

Se você gosta de pessoas e nada a diverte mais que uma festa, sei que em sua casa está um homem que detesta grupos de pessoas e gosta somente de noites tranqüilas e íntimas, a sós com você. Se você é uma pessoa comunicativa, que gosta de contar tudo com detalhes e não consegue dizer nada em poucas palavras, é provável que seu companheiro possa resumir um filme inteiro em menos de dois minutos, ou narrar um evento em uma frase.

Se você gosta de tudo limpo e organizado, provavelmente seu companheiro será muito desorganizado, deixando suas roupas penduradas por toda parte e dizendo: "Não esquente com isso! Minhas calças ainda estarão aqui amanhã e então poderei pegá-las."

Se você é uma pessoa que sempre põe as necessidades das outras antes das suas, não há dúvida de que seu companheiro só pensa em si mesmo e naquilo que quer.

Se você é uma mulher que gosta de gastar dinheiro e comprar coisas, ele provavelmente tenta poupar cada centavo. O avarento é sempre atraído pelo perdulário.

Se você é emotiva, ele é racional. Se você é natural e descontraída, ele provavelmente será tenso e ansioso. Se você nunca se atrasa, ele é incapaz de respeitar qualquer horário.

Se analisarmos por que isso acontece, constataremos que os parceiros de um casal sempre se complementam um ao outro. Seus pontos fortes correspondem aos pontos fracos dele, e vice-versa. São como duas peças de um quebra-cabeças que se encaixam. Acredite em mim quando lhe digo que você precisa apreciar seu companheiro por suas características e que cada um de vocês tem algo a aprender com o outro.

Sou uma mulher emotiva casada com um homem racional. Nem sei quantas vezes exclamei exaltada: "Ah, não! Isto é demais. O que farei?" Você pode imaginar o que aconteceria se eu fosse casada com alguém que se deixasse levar pela minha histeria e ficasse igualmente confuso? Com minha personalidade do Tipo A, eu não teria agüentado todos esses anos. Em vez disso, tenho um companheiro que diz calmamente: "Ellen, isto não é o fim do mundo. Vamos examinar as coisas de maneira lógica."

Lembro-me de umas férias em San Francisco há vinte anos, quando esqueci toda a minha maquiagem em casa. Eu estava totalmente fora de mim, mas meu marido disse simplesmente: "Compraremos tudo o que você precisa numa loja de departamentos." Na ocasião eu queria estrangulá-lo, mas hoje, quando arrumo as coisas para viajar, não me desespero, porque sei que se me esquecer de alguma coisa não haverá problemas. Não estou indo para o meio da selva, onde não poderei comprar o que esqueci em casa.

Depois dos nossos vinte e dois anos de vida em comum, tornei-me uma pessoa muito mais sensata e capaz de resolver problemas. Ao mesmo tempo, meu marido tornou-se muito mais emotivo e sensível, e não se sente menos homem quando chora porque um dos filhos ganhou um prêmio especial ou um filme é comovente.

Também sou do tipo que acorda todas as manhãs como se estivesse voltando de um coma. Como Snoopy, sou totalmente alérgica às manhãs. Sou uma pessoa "noturna". Não começo a viver antes das 10 da noite. Escrevo ou leio quase tudo entre meia-noite e duas da manhã, quando todos os outros estão dormindo. Meu marido, por seu lado, acorda alegre, canta no chuveiro e em geral está exausto às 11 da noite. De manhã, além de não cantar, tenho dificuldade para respirar. Então, temos aqui uma pessoa cheia de energia logo pela manhã, vivendo com uma pessoa que só desperta à noite. O que aprendemos um com o outro? Experimentei o prazer de fazer uma estimulante caminhada matinal e aprendi a compreender a beleza tranqüila da natureza ao nascer do sol e ele aprendeu a sentir o prazer de dançar uma noite inteira. De vez em quando, um de nós foge aos seus hábitos para agradar o outro, para que possamos passar algum tempo juntos. Mas normalmente eu não peço que ele fique acordado até as duas da manhã, nem ele me acorda às cinco e meia.

No início de uma de minhas aulas para homens, um aproximou-se de mim e disse: "Não sei como esta aula poderá melhorar nosso casamento. Se minha mulher e eu precisarmos chegar ao topo de um edifício, eu irei pelas escadas porque gosto do ar livre, de ouvir os sons da natureza e do esforço físico necessário à subida. Minha mulher irá de elevador. Como duas pessoas tão diferentes podem se dar bem?"

Minha resposta a ele foi: "No final deste curso, espero que você vá pelas escadas, sua mulher de elevador e, quando chegarem ao topo, vocês tenham um jantar adorável e contem um ao outro como chegaram lá. Não espere que ela use as escadas e você não precisa usar o elevador. Procure apreciar o fato de vocês terem maneiras diferentes de chegar onde estão indo e de que nenhum dos dois está certo ou errado — apenas são diferentes. Quando vocês chegarem a esse nível, será fantástico se, de vez em quando, você tomar o elevador e ela for pelas escadas."

VIVE LA DIFFÉRENCE!

Outro princípio importante para se amar uma pessoa por aquilo que ela é, e não por aquilo que você quer que ela seja, é lembrar que todos nós somos diferentes. Não piores, nem melhores, nem bons ou maus, nem certos ou errados — apenas diferentes! Na verdade, são as diferenças que normalmente nos atraem.

Jane, uma de minhas alunas, tinha diploma de doutoramento e era executiva de uma grande corporação. Aos trinta e cinco anos, ela nunca tinha se casado, nem chegado perto disso. De repente, ela sentiu-se loucamente apaixonada. Num fim de tarde de sexta-feira, toda a empresa na qual ela trabalhava parou para olhar pelas janelas e dar uma olhada no novo namorado de Jane, que vinha buscá-la. A única maneira de descrevê-lo é dizendo que era um motoqueiro. Ele chegou com sua Harley-Davidson, os longos cabelos ao vento, e Jane, a executiva de *tailleur*, sentou-se na garupa, passou os braços ao redor da cintura do seu "cavaleiro" e lá se foram eles.

Jane perguntou se eu achava que ela era louca, pois todo o mundo achava. Eu disse que compreendia perfeitamente o que fazia seu relacionamento dar certo. Lá estava uma mulher dedicada, séria e orientada para metas, que finalmente havia encontrado alguém que a fazia rir e aproveitar a vida. Seu companheiro a está ensinando a viver cada dia que passa e a não levar a vida demasiado a sério. Ele é muito espontâneo, anticonvencional e romântico. Por seu lado, ela está lhe dando a estabilidade e a estrutura que lhe faltavam. Um entra na vida do outro para chegar a um equilíbrio.

É errado julgar outra pessoa apenas porque seu estilo é diferente do nosso. Você não pode dizer a uma pessoa: "Faça as coisas como eu faço... pense exatamente como eu... confie em quem eu confio... acredite naquilo em que acredito." É esta mensagem que normalmente destrói o amor que você sentia no começo. Ela diz: "No início, eu o amava por aquilo que você era, mas agora decidi que isso não basta. Se você quiser meu amor, precisará mudar."

Se um parceiro sentir que precisa sacrificar sua identidade em um relacionamento, ele não se sentirá mais amado, mas sim usado. O segredo para manter vivo o amor é cada um manter sua individualidade, ao mesmo tempo em que ambos aumentam sua intimidade.

Sylvia, outra aluna, chegou certo dia em prantos na classe. Ela não agüentava mais. Seu marido insistia em exigir perfeição. Ele a tinha matriculado num curso de culinária, para que ela aprendesse a ser uma cozinheira excelente; em uma academia de ginástica, para manter o coração, os pulmões e o corpo perfeitos; e em um curso de administração do tempo, para que ela cuidasse da casa com maior eficiência. Todas as manhãs ele a pesava e, caso ela tivesse engordado, ele não fazia amor até que ela perdesse o excesso de peso. Sylvia havia perdido completamente seu senso de identidade. Tudo o que fazia era tentar agradar seu marido. Ele era um advogado de sucesso, que havia se casado com uma chefe de torcida do curso colegial, animada, extrovertida e despreocupada. Agora, a chefe de torcida estava cansada e deprimida a maior parte do dia.

Fiz o possível para ajudar Sylvia a compreender que ela era exatamente aquilo de que seu marido necessitava, caso contrário ele não teria se apaixonado, só que ela não se dispusera a discutir com ele para preservar sua identidade. Quando o marido se inscreveu na turma masculina, acabou compreendendo que toda a alegria e sensualidade que havia experimentado com aquela mulher no início haviam acabado. Aprendendo a examinar como ela havia trazido equilíbrio à sua vida, ele finalmente conseguiu encorajá-la a expressar sua própria individualidade.

Muitas mulheres reclamam que seus maridos não falam. "Quando vamos a uma festa, tudo o que ele faz é sentar-se e ouvir", disse-me uma delas. Como sei que os opostos se atraem, compreendi que se tratava de uma mulher extrovertida que havia se casado com um homem reservado e quieto. No início, agradava-lhe ter um bom ouvinte a seu lado, sempre ponderado e calmo. Hoje, ela usa esses mesmos traços como arma contra ele. Antes de saírem para uma festa, ela lhe diz algo como: "Não fique lá quieto como um morto. Faça o favor de abrir a boca e dizer alguma coisa." E se não disser isso na saída, provavelmente irá atacá-lo quando voltarem para casa.

Para entender como isso é ruim, imagine a situação reversa. Sou uma pessoa muito sociável e normalmente mal posso esperar para encontrar um grupo de amigos e saber tudo a respeito deles. Se na hora de sairmos para uma festa meu marido me dissesse: "Não quero que você abra a boca esta noite. Nem uma palavra. Não pergunte da vida de ninguém, como se conheceram, nem o que fazem. NADA! Mantenha a boca fechada a noite inteira", a noite seria uma tortura completa para mim. É exatamente assim que uma pessoa introvertida se sente quando lhe dizem para abrir a boca e falar.

Se você der a uma pessoa a liberdade para ser ela mesma, sem rotular seu comportamento como certo ou errado, bom ou mau, ela irá procurar ser a melhor pessoa possível e lhe dar tudo aquilo de que você necessita para ser feliz. Se todos tivessem que ser voluntariosos, extrovertidos e carismáticos, não teríamos artistas, escritores ou inventores — pessoas que costumam ser introvertidas, mas muito dotadas. Se ninguém fosse comunicativo, animado e expressivo, não teríamos atores, vendedores ou professores neste mundo. Ouvir vale tanto quanto falar. Uma pessoa diferente de você tem tanto valor quanto você! *Lembre-se, se duas pessoas concordam em tudo, então uma delas não é realmente necessária no relacionamento.*

Fico muito satisfeita por ter três filhos muito diferentes. Eu não gostaria de ter um "filho Kreidman" — estampado no mesmo molde de todos os outros. Todos eles têm personalidades singulares, são sensíveis a coisas diferentes e são motivados de formas diferentes. Escolherão profissões diferentes, porque têm interesses diferentes. Como mãe, a coisa mais importante que posso lhes dar é a confiança em si mesmos e em seu valor e fazer com que saibam o quanto são importantes para mim. O melhor que posso dar ao meu marido é amá-lo por aquilo que é e fazer com que saiba como sou grata por ele ter surgido em minha vida.

Mas sentir todas essas coisas não basta! É preciso verbalizá-las. O estabelecimento de novos hábitos exige ação. A atividade abaixo irá ajudá-la a tomar iniciativa e servirá como lembrete para que você não ache uma coisa natural o amor que está partilhando. Compre algumas fichas, quanto maiores melhor, e use-as para anotar o que você deve fazer. Nos próximos capítulos você terá novas "tarefas".

ATIVIDADE Nº 1

Escreva o seguinte em uma ficha:

Direi ao meu companheiro como estou feliz por ele fazer parte da minha vida e que sou uma pessoa de sorte por isso.

Abrace-o e diga "Devo ser a mulher mais sortuda do mundo. É tão bom você fazer parte da minha vida. Não posso imaginar como seria minha vida se não tivesse (conhecido ou casado) você."

Em outra ficha, escreva o seguinte:

Direi ao meu companheiro que o amo exatamente como ele é e que não o trocaria por nenhum outro homem do mundo.

Mais uma vez, passe os braços ao redor da cintura dele e diga: "Eu realmente o amo por aquilo que você é. Sei que às vezes temos pontos de vista diferentes e maneiras diferentes de fazer as coisas, mas foi por isso que me apaixonei por você."

"É tão estimulante viver com você e você me faz sentir realizada. Eu não trocaria você por nenhum outro homem do mundo."

Se ele disser: "E que tal Tom Selleck?" Lembre-se, ele está apenas testando você. Sua resposta deverá ser: "Está brincando? Ele não chega aos seus pés. Você não tem concorrentes."

TRÊS

Objetos Sexuais — Apenas de Vez em Quando

Sherry se inscreveu no seminário porque estava cansada de viver com um homem irritadiço, crítico e egoísta e estava desesperada para saber se podia fazer algo para mudar a situação. "Depois da segunda semana de aulas, voltei para casa sentindo-me 'apaixonada' por meu marido pela primeira vez em muitos anos", contou ela depois. "As coisas ficaram muito românticas naquela noite e depois meu marido se deixou cair no travesseiro, suspirou e disse: 'Fiquei excitado!!'

"Tudo aconteceu porque segui o conselho que você nos deu, para observar todas as coisas maravilhosas a respeito de nossos companheiros e verbalizá-las, mas eu levei isso ao extremo. Eu o *cobri* de elogios e, diante de meus olhos, Mark deixou seu usual humor irritadiço e transformou-se num homem alegre, acolhedor e amoroso", prosseguiu ela.

"Depois de três semanas de curso, tive a emoção de receber minha primeira carta de amor. Separei aqui as partes que posso mostrar. O restante é muito pessoal e embaraçoso, mas no bom sentido."

Eis o que Mark escreveu:

Ao amor da minha vida

Sherry, não posso acreditar no que estou ouvindo. Não estou me queixando. Sou grato a você. Será verdade? Depois de todos esses anos, estou me apaixonando novamente por você. Você merece muito mais que aquilo que tenho lhe dado. Você sabe que meu trabalho tem sido o motivo de minha depressão, mas agora, de algum modo, tudo parece suportável.
Com a nova excitação que sinto por você, tenho forças para finalmente fazer algumas mudanças necessárias. Só espero poder começar a lhe dar aquilo que você me tem dado nas últimas semanas. Por sua causa, sinto-me vivo pela primeira vez em muitos anos.

Se eu perguntar a mulheres comuns quando elas foram elogiadas pela última vez por sua aparência física, a maioria responderá "Ontem" ou "Na semana passada". Certamente nenhuma irá responder "Não recebo um elogio há mais de vinte e cinco anos". Acredite se quiser, a maioria dos homens não é capaz de se lembrar da última vez em que recebeu um elogio por sua aparência física. Mesmo uma mulher que vive com um homem não dado a cumprimentos pode ouvi-los de seus filhos, suas amigas e dos colegas de trabalho. Em meu caso, sempre houve um contraste tão grande entre minha aparência quando estou em casa e quando estou vestida para sair, que meus filhos, mesmo quando eram muito pequenos, diziam: "Oh, mamãe, você está tão bonita hoje." Meu marido, por outro lado, usa terno para trabalhar todos os dias; assim, as crianças nunca percebem se ele está vestido para sair e nunca disseram: "Papai, como você está bonito!"

Sempre que meu marido veste um terno novo para ir trabalhar, eu lhe pergunto se alguém notou como ele estava bonito e ele sempre diz: "Não, Ellen, você foi a única." No escritório, os homens não se aproximam para elogiar sua aparência, nem as mulheres — elas não querem parecer "oferecidas". Assim, a verdade é que se ele não ouvir um cumprimento meu, não irá ouvi-lo de ninguém.

Minhas duas filhas adolescentes sempre recebem elogios quando usam alguma roupa nova para ir à escola. Algumas vezes, até mesmo os professores as elogiam. Em contraste, a aparência do meu filho normalmente é ignorada. Ninguém comenta quando ele veste calças novas ou uma camisa nova.

Mas qualquer um que tenha filhos adolescentes pode lhe dizer que os garotos passam tanto tempo quanto as garotas diante do espelho e se preocupam de igual modo com sua aparência. Contudo, nossa sociedade não reconhece o quanto o macho da espécie necessita de aprovação pela sua aparência física. Os garotos normalmente deixam de ouvir que estão bonitos lá pelos cinco anos de idade, e alguns podem não ouvir um comentário sobre sua aparência nos quarenta anos seguintes!

Em sua maioria, os homens adoram ser notados por sua masculinidade. Quantos deles praticam musculação até a exaustão, somente para ficar com um corpo que seja elogiado pelos outros? Quando você pensa nisso, é realmente triste saber que a necessidade que um homem tem de ser apreciado por sua aparência física é ignorada. Gene, um aluno meu, nos contou como se sentiu mal quando tirou seu bigode e ninguém notou. "Sofri mais de seis meses até decidir tirá-lo", disse ele. "Mas quando cheguei ao escritório, ninguém notou nada."

Ele fez uma pausa e disse: "Não, isto não é verdade. Uma das secretárias, que trabalha comigo há mais de dois anos, disse que havia algo de diferente em minha aparência e perguntou se eu tinha cortado o cabelo. Rapaz, que desapontamento!", concluiu ele.

Como mulheres, temos dificuldade para imaginar como é andar por aí e ser "invisível". Para uma mulher, é inconcebível ela fazer uma mudança drástica em sua aparência, como cortar o cabelo, e ser ignorada. Contudo, isso acontece sempre com os homens.

Considere como Ben se sentiu no dia do seu casamento. "Eu realmente fiquei com inveja de minha noiva", contou ele na classe. "Todo o mundo na recepção dizia a Marci como ela estava linda e como seu vestido era bonito. Eu continuei esperando que alguém me notasse, mas ninguém o fez", lembrou ele, desapontado.

"Eu fui a um cabeleireiro, em vez de um barbeiro, pela primeira vez na vida. Aluguei um *smoking* maravilhoso e levei horas para me aprontar. Eu queria parecer bem — afinal, o casamento também era meu! Certamente eu gostaria que alguém me notasse."

36

Jim Sanderson, cuja coluna "O Homem Liberado" é publicada no *Los Angeles Times*, escreveu a respeito desse assunto em um artigo intitulado "Vendo os Homens como Objetos Sexuais".

Toda mulher se ressente com a maneira pela qual os homens focalizam constantemente o seu corpo. Toda mulher gostaria de ser admirada também por sua inteligência e seu talento — por aquilo que ela pode fazer e não apenas por aquilo que é. Para um homem, é exatamente o contrário. Estamos cansados de ser elogiados pelo que podemos fazer; todos nós gostaríamos de ser objetos sexuais de vez em quando. As mulheres dizem que detestam ser olhadas com cobiça pelos trabalhadores da construção civil, mas eu digo que se as garotas que estão no salão de beleza quiserem sair até a porta e assobiar enquanto eu passo, é só dizerem qual é o horário mais conveniente.

Quando um homem recebe um elogio, tende a corresponder rapidamente. Por exemplo, certa manhã de segunda-feira, Pat, que é extrovertida, passou por Tom, seu colega de trabalho, no corredor do escritório e sorriu para ele. Na terça, ao vê-lo novamente, ela disse: "Esse terno lhe cai muito bem. Azul-marinho é definitivamente a sua cor."

Tom agradeceu e seguiu seu caminho. Naquela tarde, o telefone de Pat tocou e na outra ponta da linha estava o homem do terno azul-marinho — perguntando se ela estava livre para almoçar na quarta-feira! "Não pude acreditar no que estava ouvindo", disse Pat. "Tudo o que fiz foi um comentário."

Justine decidiu aplicar seus novos conhecimentos sobre como fazer elogios aos homens. Num fim-de-semana, ela e algumas amigas foram para um hotel à beira-mar. Quando estava na praia, ela notou a pouca distância um homem que conversava num grupo de amigos. Justine não conseguia tirar os olhos do seu belo sorriso. Seu coração acelerou enquanto ela pensava em como dizer a ele o que estava sentindo. Ela tinha vinte e oito anos e nunca fizera nada parecido antes; era natural que estivesse sem jeito.

Tomando coragem, Justine começou a caminhar pela praia e, quando passou por ele, disse-lhe: "Não sei se já lhe disseram, mas você tem um sorriso fantástico." Ela continuou sua caminhada e de repente ele estava ao seu lado. "Escute", disse, "você não pode simplesmente ir embora depois de um comentário desses. Quero conhecê-la." Eles começaram a caminhar juntos e depois foram beber alguma coisa. Naquela tarde ele a convidou para sair e, como ela disse à classe, "Desde então temos sido inseparáveis."

Um dia, Bess chegou à aula radiante. Ela trabalhava como secretária numa empresa havia mais de três anos. Meses antes, um novo vendedor lhe chamara a atenção, mas ele a ignorava. "Eu decidi fazer alguma coisa", disse Bess.

"Juntei toda a coragem que pude, pensando que não tinha mesmo nada a perder e, quando ele me deu um contrato para datilografar, olhei para cima e disse: "Hei, bonitão. Você é mesmo fora de série. Acho que se você combinar sua boa aparência com sua capacidade, só poderá ser um vencedor. Nenhum outro vendedor vende tanto quanto você. Espero que seu chefe lhe dê valor e reconheça a contribuição que você está dando para esta empresa."

Ele ficou ali parado por um instante sem dizer nada, mas ela pôde ver o brilho nos seus olhos. Então, ele disse que uma mulher que conseguia fazê-lo sentir-se tão bem merecia um jantar e perguntou se ela estava livre naquela noite. "Estamos juntos há uma semana", contou Bess.

Uma de minhas alunas contou à classe que nunca se sentira atraída pelo corpo do marido — só por sua inteligência. Ela o descreveu como sendo um homem brilhante e muito bem-sucedido, que possuía sua própria empresa. "Fisicamente", disse Joan, "ele é muito magro e peludo do pescoço aos pés. Quando está nu, parece um macaco magro."

Depois de umas férias em Taiti, seu marido levou as fotos da viagem para o escritório. Em muitas delas ele estava de bermudas ou de calção, com o corpo exposto. Quando uma das suas jovens secretárias viu as fotos, ela exclamou: "Eu não sabia que você tinha um peito tão peludo! Essa é uma coisa que me deixa ligada." Quando voltou para casa naquela noite, ele mal podia esperar para contar à mulher o que a secretária havia dito. Joan limitou-se a revirar os olhos e continuou falando sobre outro assunto.

Alguns meses depois, Joan e seu marido foram à festa de despedida de um dos funcionários dele. Todos já haviam bebido um pouco demais quando a mesma secretária parou diante dele, desabotoou sua camisa e acariciou seu peito, dizendo: "Quando eu o vejo, só consigo pensar em seu lindo peito peludo." Enquanto ele estava ali, sorrindo de orelha a orelha, Joan olhou-o furiosa e disse: "Já chega, vamos embora!" É claro que a resposta dele foi: "Por que você está querendo estragar a melhor noite que já tive?"

A razão pela qual lhe contei esta história é que a maioria de nós nunca sabe do que está sentindo falta até que alguém nos dê uma coisa que nunca experimentamos antes. Como em geral os homens não estão acostumados a ouvir elogios a respeito de seus corpos, eles não sabem o que estão perdendo. Pode acreditar em mim. Na primeira vez em que uma mulher diz a um homem como seus olhos são lindos e *sexy*, ou comenta como suas pernas são fortes, ele está perdido! Embora não se conscientizem disso, em sua maioria os homens desejam esse tipo de atenção. Você não pode imaginar como fico frustrada sempre que uma mulher me diz que seu marido começou a correr ou a levantar pesos e que, quando ele lhe pergunta se ela vê alguma diferença em seu corpo, a resposta é: "Na verdade, não." Que deprimente!

REPARE EM SEU HOMEM

* Repare em suas pernas musculosas.
* Repare em seu peito masculino.
* Repare em seu rosto bonito.
* Repare em seus belos cabelos.
* Repare em seus olhos *sexy*.
* Repare em seu lindo sorriso.
* Repare em seus ombros largos.
* Repare em suas mãos grandes e masculinas.
* Repare em sua voz profunda.
* Repare em qualquer traço masculino dele.

Outra maneira de fazê-lo saber que você aprecia sua aparência física é compará-lo com o personagem principal de um filme. Marie, uma aluna com pouco mais de cinqüenta anos, ficou tão inspirada por uma de minhas aulas que à noite, depois que seu marido dormiu, escreveu com batom vermelho no espelho do banheiro: "Você Tarzan. Mim Jane. Vamos agitar esta noite." Quando o marido se levantou de manhã e começou a se barbear, não fez nenhum comentário. Enquanto fingia dormir, Marie pensava: "Seu filho da mãe. Por que não está reagindo?"

"Eu não havia escrito num cantinho", disse ela à classe. "Foi no espelho inteiro, e com batom vermelho."

O marido saiu para trabalhar, ainda sem dizer nada. Mas às onze e meia da manhã o telefone tocou. Era ele, dizendo: "Não posso agüentar mais. Você quis realmente dizer aquilo que estava no espelho?"

Marie disse: "Claro que sim. Você é meu Tarzan!"

Ele voltou para casa por volta de meio-dia e, pela primeira vez em trinta anos, eles fizeram amor durante o dia!

Outra aluna nos contou que na noite em que telefonou para seu namorado e lhe disse que mal podia esperar para ver seu "Rambo", ele a pediu em casamento. No artigo que já citei, Jim Sanderson disse que certa noite, uma mulher que o observava enquanto se despia murmurou: "Oh, agora eu sei o que Michelangelo quis mostrar" quando viu o corpo dele!

Marlene, outra aluna, contou na classe que antes de fazer amor com seu marido, ela sempre dizia: "Venha cá, meu Rocky."

Todas essas expressões fazem um homem sentir-se mais másculo — uma das melhores coisas que ele pode sentir. Ele pode ser elogiado por suas realizações o dia inteiro, mas saber que você o acha *sexy* e o aprecia por suas características físicas é algo que o faz sentir-se muito especial.

Falaremos especificamente sobre como fazer amor no Capítulo 5, mas é importante que você compreenda que, em sua maioria, os homens são inseguros como amantes. Eles querem desesperadamente agradá-la e quando você não lhes dá nenhuma indicação, isso é interpretado como uma reação negativa. Muitas mulheres já me disseram "Eu *nunca* digo alguma coisa negativa. Eu não digo nada."

Bem, e se você pusesse um vestido novo, ou mudasse seu penteado e sua melhor amiga nada dissesse? Você interpretaria seu silêncio de forma positiva? É claro que não! Em geral, o silêncio é interpretado como insatisfação ou desprazer.

Na próxima vez em que fizer amor, diga ao seu companheiro que grande amante ele é e quanto prazer lhe proporciona. Diga que ele é um garanhão e como você se sente feliz por ter um homem que é bom na cama. Voltaremos ao assunto no Capítulo 5.

TODOS NÓS QUEREMOS CHAMAR A ATENÇÃO DE ALGUÉM

Um dos sentimentos mais gratificantes que podemos ter é quando influenciamos de forma positiva a vida de alguém. Para a maioria das pessoas, não existe alegria maior do que saber que elas proporcionaram mais felicidade, realização, discernimento ou conhecimento a outra pessoa. Em outras palavras, por sua causa a qualidade de vida de alguém melhorou. Em contraste, descobrir que influenciamos negativamente a vida de outra pessoa é um sentimento terrível.

Todos nós queremos chamar a atenção dos outros de maneira positiva, mas se formos ignorados, muitas vezes optamos por chamar a atenção negativamente.

É por isso que as pessoas têm problemas conjugais, de relacionamento e de comportamento. Quando os membros de nossa família agem mal, eles estão nos dizendo: "Veja, eu quero ter importância para você. Se não puder chamar sua atenção de maneira positiva, prefiro que seja de modo negativo a não significar nada."

Uma mulher que sente estar sendo ignorada ou menosprezada pelo marido pensa, em seu subconsciente: "Ah, é assim? Você pensa que pode me ignorar, que eu não significo nada? Você nem sabe se estou viva! Mas eu vou lhe mostrar, rapaz! Vou começar uma briga, porque sentir raiva é melhor do que não sentir nada!"

Leona disse que tende a ser uma consumidora compulsiva para compensar o pouco tempo que o marido lhe dedica. Ela disse: "Acho que no subconsciente estou lhe dando o troco por não me dar atenção suficiente. Robert é um executivo muito ocupado e fica fora a maior parte do tempo. Mesmo que o dinheiro não seja problema, eu exagero nos gastos só para irritá-lo. Quando ele começa a gritar a respeito das contas no fim do mês, está pelo menos me dando alguma atenção, mesmo que seja negativa."

Na turma masculina, Todd admitiu que flerta com outras mulheres apenas para provocar ciúmes na mulher. "Ela vive muito envolvida com os filhos e dedica seu tempo a todos, menos a mim. Assim, eu acho que se ela pensar que estou interessado por outras mulheres, poderá começar a me dar atenção. Quando ela está com ciúmes, começa a bater as portas dos armários e a andar bufando pela casa. Sei que soa estranho, mas é assim que sinto que sou importante para ela."

Harold, outro aluno, fica no escritório mais tempo que o necessário porque esse é o único lugar onde se sente importante. "Quando vou para casa", contou ele à classe, "sempre encontro um caos." Minha mulher dirige um negócio em casa, e quase sempre há clientes quando eu chego", queixou-se ele. "Outras vezes, eu chego e ela saiu para uma aula ou reunião. É como se ela tivesse medo de ficar a sós comigo", prosseguiu.

"No emprego tenho muitos estímulos e o pessoal acha que estou fazendo um ótimo trabalho. Por que devo me incomodar para estar onde acho que não estou me saindo bem?" perguntou ele.

Um homem que encontra a companheira ao telefone quando chega à sua casa pode sentir-se negligenciado ou sem importância, mas em vez de dizê-lo diretamente, ele prefere iniciar uma discussão a respeito de outro assunto. Se você comparar os sentimentos do homem que é ignorado com aqueles de um homem que é recebido com "Oh, estou tão contente por você ter chegado, senti tanto a sua falta", poderá ver como o segundo se sentirá importante e ficará bem-humorado.

O SEGREDO MAIS BEM-GUARDADO SOBRE OS HOMENS

A mulher que sabe que dentro de cada homem, não importando sua idade, seu sucesso ou seu poder, se esconde um garotinho que deseja ser amado e sentir-se especial, conhece um poderoso segredo. Um homem quer saber que é mais importante para você do que qualquer outra pessoa no mundo. Ele quer ser mais importante que seus pais, seus filhos, seus amigos e seu trabalho.

Se pudesse verbalizar isso, um homem diria: "Diga-me por que eu sou uma pessoa especial para você. Diga-me por que sou importante para você. Diga-me isso muitas vezes. Diga-me todos os dias. Continue me elogiando e reconheça minhas qualidades. Quero ser seu cavaleiro corajoso. Quero ser seu herói."

Os homens tendem a satisfazer nossas expectativas a respeito deles e a se tornar aquilo que reforçamos continuamente neles. O comportamento positivo precisa ser reforçado constantemente. O poeta alemão Goethe dizia:

"Se você tratar um homem como ele é, ele permanecerá assim; mas se você tratá-lo como se ele fosse aquilo que deve e pode ser, ele se tornará maior e melhor."

Meu marido escuta constantemente que é maravilhoso como marido e como pai, o que o leva a querer ser ainda melhor.

É raro o marido que acompanha a mulher quando esta sai para comprar roupas. É o que hoje acontece com Wilma, mas nem sempre foi assim. Recentemente, ela precisava ir a um jantar formal. Depois de ouvir meus conselhos, ela aproximou-se do marido dizendo: "Você tem muito bom-gosto e sempre sabe o que me cai melhor. Eu realmente dou valor à sua opinião e gostaria muito que você me ajudasse a escolher um vestido para o jantar de sexta-feira." Ela mal acreditou quando ele sorriu e disse que iria com ela.

Hoje, o marido de Beth está sempre disposto a consertar as coisas pela casa no momento em que isso é necessário. Mas antes de freqüentar minhas aulas, ela costumava dizer que seu marido era preguiçoso e não tinha habilidade para consertos. Depois do curso, Beth decidiu fazer uma nova tentativa. Quando quis trocar o papel de parede da cozinha, ela abraçou Hal e disse: "Passei hoje pela loja de papéis de parede. O vendedor disse que é muito difícil aplicar papel na parede quando nunca se fez isso. Aposto que se você quisesse, faria um ótimo trabalho. Você tem um olho clínico para detalhes e teria facilidade para encaixar os desenhos."

Hal ficou radiante e disse: "Talvez você tenha razão. Muito bem, quando quer que eu faça isso?"

Quando você diz a um homem que dá valor a uma habilidade ou qualidade que ele nem sabe que possui, ele quer provar que você tem razão.

Outra aluna está hoje morando na casa de seus sonhos devido à criatividade de seu marido para conseguir um financiamento. Ela explicou que eles haviam voltado desanimados para casa, depois de passarem um dia inteiro à procura de uma casa nova. Don imediatamente ligou a TV para fugir da situação, enquanto Patti colocou em ação aquilo que havia aprendido em minhas aulas. Aninhando-se junto a ele, ela disse: "Querido, você entende de matemática. Aposto que se você fizesse alguns cálculos, conseguiria ter alguma idéia."

Para surpresa dela, Don desligou a TV, apanhou lápis e papel e passou algumas horas calculando um meio de conseguir comprar uma casa nova, com financiamento bancário.

Hoje Rebecca tem seu próprio negócio, graças ao auxílio do marido para montar um plano de negócios detalhado que atraísse investidores. "Quando compreendi que não tinha capital suficiente, vi que precisaria conseguir que outras pessoas investissem em meu negócio; mas quando descobri quanto um profissional cobraria para montar um plano, pedi ajuda ao meu marido."

"Você é o homem mais inteligente que conheço. Sabe mais a respeito de negócios e financiamentos do que qualquer um. Sei que é capaz de preparar um plano de negócios melhor que um profissional e isso me pouparia de três a seis mil dólares", disse Rebecca ao marido.

Todas essas mulheres sabem que se pode apanhar mais moscas com mel do que com vinagre.

Ao invés de criticar seu companheiro, comece a reparar em seus traços positivos. Repare naquilo que ele tem de bom e maravilhoso. Ache todos os dias um motivo para elogiá-lo, por menor que seja. Mesmo uma coisa simples como dizer que você adora o sorriso dele, ou que todas as vezes que ele entra na sala ela fica mais alegre, além de fazê-lo sentir-se bem e querer voltar para casa, fará com que ele queira agradá-la.

A maioria dos nossos homens vem de ambientes com graus variados de reforço positivo. Um homem que cresceu com muito poucos elogios necessita de uma dose dobrada e qualquer um que se gabe de tudo o que faz ou exagere seu sucesso, precisa do triplo de elogios de uma pessoa normal. Lembre-se desta regra:

Quanto mais gosto de mim, menos preciso impressioná-la ou convencê-la da minha grandeza. Quanto menos gosto de mim, mais eu preciso convencer os outros de que sou maravilhoso. O grau em que eu gosto ou não gosto de mim mesmo está muito ligado a quanto eu era elogiado quando pequeno.

Se o seu companheiro recebeu poucos elogios quando era criança, esteja preparada para lhe dar *tudo* aquilo que lhe faz falta.

Quero que você o elogie tanto, que qualquer outra pessoa pense que você enlouqueceu! Você irá descobrir que nunca é demais valorizar, elogiar e mostrar admiração por outro ser humano.

Estou supondo que a esta altura você já teve uma oportunidade para pôr em prática meu conselho de fazer com que seu companheiro sinta-se um "objeto sexual". Agora você irá apreciá-lo não apenas por suas características físicas, mas por tudo o que ele faz, diz e representa. Pode parecer muito, mas lembre-se de que você quer provocar o desejo dele e esta é uma das maneiras de chegar lá.

ELOGIE-O PELAS COISAS QUE ELE FAZ:

* Se ele lava o carro —
Diga-lhe o quanto o admira pelo orgulho que ele tem de manter o carro limpo.

* Se ele conserta o carro —
Diga-lhe que você tem sorte por ter um marido com tanta habilidade mecânica.

* Se ele faz consertos pela casa —
Diga a ele: "É tão bom ter um homem em casa."

* Se ele pratica exercícios —
Diga-lhe como é maravilhoso ter um homem em tão boa forma e que se orgulha de seu corpo.

* Se ele está estudando —
Diga-lhe que adora vê-lo sempre buscando novos conhecimentos.

* Se ele participa de organizações filantrópicas —
Diga-lhe o quanto ele é maravilhoso por dedicar seu tempo a boas causas.

* Se ele brinca com os filhos —
Diga-lhe que as crianças têm sorte por terem um pai como ele.

* Se ele brinca com o cachorro —
Diga-lhe como é bom ter um homem forte com um lado afetuoso.

* Se ele ganha muito dinheiro —
Diga-lhe que nunca sonhou em ter o estilo de vida que ele lhe proporciona.

ELOGIE-O PELAS COISAS QUE ELE DIZ:

* Se ele é engraçado —
Diga-lhe que adora seu senso de humor e que este faz com que você se sinta ótima.
* Se ele lhe faz elogios —
Diga-lhe como é bom ter um homem que repara em você.
* Se ele está sempre sonhando —
Diga que o ama porque ele é orientado para metas e pensa no futuro.
* Se ele resolve um problema —
Diga-lhe o quanto sua forma de raciocinar melhora a qualidade da sua vida.
* Se ele é muito comunicativo —
Diga que ele é a "alma da festa", que você adora ouvi-lo e ver como ele faz as pessoas se sentirem à vontade.
* Se ele é quieto —
Diga que ele é um bom ouvinte e que isso a deixa tranqüila.

ELOGIE-O POR AQUILO QUE ELE É:

* Se ele é honesto —
Diga-lhe o quanto você dá valor a esta qualidade.
* Se ele é leal —
Diga-lhe como se sente segura por estar com alguém a quem sempre pode recorrer.
* Se ele é confiável —
Diga como é maravilhoso poder confiar nele.
* Se ele gosta de assumir riscos —
Diga-lhe que gosta muito da sua coragem de defender aquilo em que acredita.
* Se ele é autoconfiante —
Diga que a segurança que ele tem em si mesmo faz com que você acredite nele.

Espero que você tenha captado a idéia. Repare em tudo e comente de forma positiva — faça elogios.

SEJA UMA ATRIZ

E se você tem a tendência a ser negativa e está dizendo "Não posso fazer isto, *eu não sou assim*", então, não seja você. Seja outra pessoa! Faça de conta que você é uma pessoa positiva, que repara facilmente em tudo o que há de bom em seu companheiro.

Nos negócios, devemos "nos vestir para o sucesso" e em vendas há uma frase que diz: "Saiba representar, e você se transformará no personagem que criou." Por exemplo, quando você vai trabalhar na venda de imóveis, é aconselhada a se vestir bem, usar um par de sapatos caros e ter um carro novo para parecer bem-sucedida, porque ninguém irá comprar uma casa de você se achar que essa é sua primeira venda. "Aja como se você fosse uma profissional de sucesso e você acabará sendo. Aquilo que no início é representação se transforma em realidade."

Lembro-me de ter lido uma entrevista com Cary Grant, na qual lhe perguntaram como ele se havia tornado o homem delicado e charmoso que todas as mulheres achavam irresistível. Ele respondeu que havia sido um adolescente desajeitado e desengonçado, que costumava fazer de conta que era maravilhoso, delicado e charmoso. Em pouco tempo, ele não conseguia diferenciar seu eu imaginário do seu eu real.

DÊ O MÁXIMO ÀS PESSOAS QUE AMA

Estamos sempre mentindo a estranhos, porque não queremos ferir os sentimentos dos outros. Por exemplo, se eu fosse à sua casa e derramasse café em seu sofá novo, ficaria muito perturbada e você provavelmente me acalmaria, dizendo para eu não me preocupar com isso. Mas se alguém de sua família fizesse o mesmo, eu não gostaria de estar presente para ouvi-la gritar o quanto ele é desastrado.

Quando começamos em um novo emprego e o chefe nos pergunta como estamos indo, a maioria de nós sorri e diz "Muito bem". Nem sonhamos em lhe dizer como estamos nos sentindo oprimidas, ou do medo que sentimos de nunca conseguir aprender tudo.

Guardamos a verdade até chegar em casa e então nós a atiramos sobre as pessoas que amamos.

Se uma amiga nos procurasse por causa do horrível corte de cabelo que lhe haviam acabado de fazer, provavelmente diríamos: "Na verdade, não está tão ruim. Quando você se acostumar com ele, vai até achá-lo bonito."

Mesmo não tendo vontade, todas nós sorrimos ao cumprimentar pessoas que não suportamos, mas com as quais somos forçadas a trabalhar. Por que não podemos fazer o mesmo com as pessoas que amamos? Por que não podemos fazer um elogio e sentir o prazer de deixar uma pessoa satisfeita, mesmo que na realidade estejamos nos sentindo indiferentes?

Estou sugerindo que aprendamos a dar o máximo às pessoas que amamos, aquilo que damos instintivamente a estranhos e a conhecidos. Inicialmente, muitas mulheres em minhas aulas dizem que não são capazes de dizer alguma coisa para agradar os outros, a menos que a sintam. Mas quando param para pensar a esse respeito, elas compreendem que dizem coisas que não sentem a estranhos, o dia inteiro. Por que não fazer o mesmo com as pessoas amadas? De acordo com os dicionários, *prezar* significa valorizar. Valorize seu companheiro, fazendo-lhe elogios, comentários positivos e dando-lhe demonstrações de admiração.

Um anúncio nos classificados pessoais de um jornal de Nova Iorque dizia o seguinte: Tenho 32 anos, 1,80 m de altura, tenho boa aparência, físico atlético, sou inteligente, absolutamente maravilhoso e perfeito em todos os sentidos. Quero conhecer uma mulher que me faça sentir assim.

Embora o anúncio esteja redigido de forma humorística, sinto que dentro daquele homem, e de todo homem, está o desejo de que sua companheira o veja como tendo todas as qualidades que ele deseja ter. Lembre-se de que até certo ponto, seu amor é uma medida do valor dele. Torne-se uma mulher indispensável para seu companheiro e para a auto-imagem dele, e ele se sentirá profundamente ligado a você.

ATIVIDADE Nº 2

Pegue outra ficha e escreva nela:

Não me esquecerei de elogiar meu amor uma vez por dia. Farei comentários positivos sobre aquilo que faz, diz ou é. Direi a ele o quanto ele significa para mim.

Na mesma ficha, faça uma lista de personagens que são bem másculos. Ache oportunidades para comparar seu companheiro com eles, dizendo algo do tipo "Oh, querido, você é tão forte quanto o Incrível Hulk" depois que ele realizar uma tarefa que requer força.

Outros exemplos são:

1) Tarzan
2) King Kong
3) Rocky
4) Rambo
5) Super-homem
6) Casanova
7) Adonis
8) *Latin Lover* (se for o caso. Pensando melhor, mesmo que não seja!)

QUATRO

Comunicação

Quando Amélia veio pela primeira vez à aula, não conseguia entender por que nunca havia passado do primeiro encontro com um homem. "Sou inteligente, jovem e bem-sucedida no mundo dos negócios", disse-me ela. "Não sei o que há de errado comigo. Afinal, o que querem os homens?" perguntou ela. Não demorou muito para ela descobrir qual era o seu problema.

"Só eu falava", confessou ela à classe depois de algumas semanas. "Eu queria impressionar meu acompanhante com todas as minhas realizações e qualidades. Queria que ele soubesse a sorte que tinha de estar saindo comigo."

Ela começou a sair com Ben enquanto ainda estava freqüentando o curso e, cerca de seis meses depois, enviou-me uma carta para contar que agora podia olhar para trás e ver como havia sido tola.

"É ótimo contar com as informações que você deu enquanto sou jovem o bastante para usá-las", escreveu ela. Junto com a carta veio um trecho de um bilhete enviado a ela pelo seu novo namorado:

... você é a mulher mais fantástica do mundo. Nunca me senti tão próximo de alguém. Parece que posso lhe contar qualquer coisa e você sempre se mostra compreensiva e me dá apoio.

Às vezes me pergunto se existem outros homens com a mesma sorte que eu. Você não é só minha namorada, mas também minha melhor amiga. Agora que a encontrei, não posso imaginar viver sem você.

Seu namorado e melhor amigo,

Ben

Se o voto de silêncio não faz parte da cerimônia de casamento, por que tantos casais deixam de se comunicar depois que se casam? Na verdade, a resposta não é tão complicada como poderíamos pensar. Vou tentar simplificá-la para você.

Noventa e nove por cento do tempo as pessoas não querem seus conselhos, sua avaliação, sua opinião, suas críticas ou sua solução para os problemas delas. Querem apenas que você escute e compreenda seus sentimentos. Você se lembra que no capítulo anterior falei que todos nós queremos ser importantes? Bem, para saber que somos importantes, precisamos que alguém aceite nossos sentimentos e saiba efetivamente como ouvir.

OUÇA COM O CORAÇÃO

Saber ouvir é de fato uma arte, mas pode ser aprendida. Para aprender a ouvir, você precisa deixar de pensar em sua resposta e se concentrar na compreensão daquilo que a outra pessoa está dizendo e sentindo. Como você costuma reagir quando seu companheiro chega em casa e lhe conta o que aconteceu naquele dia? Lembro-me que, logo que nos casamos, meu marido voltava do trabalho e me contava, por exemplo, como havia perdido um negócio de dez mil dólares. Eu ouvia com atenção e depois sugeria possíveis soluções, dizendo algo como: "Talvez você não o tenha perdido. Talvez mais um telefonema resolva o caso, ou talvez você possa lhes apresentar uma alternativa", ao que ele respondia irritado:

"Se você acha que pode fazer melhor, por que não fica com o meu emprego?" Então eu me irritava e começava a gritar: "Aqui estou eu, ouvindo você e interessada em tentar ajudá-lo, e tudo o que ganho são gritos."

Hoje compreendo que ele não queria que eu lhe oferecesse uma solução. Tudo o que ele queria era que eu compreendesse como estava se sentindo por não ter conseguido algo que desejava e merecia. Agora, quando ocorre uma situação semelhante, minha reação é dizer: "Pobrezinho. Sinto muito. Deve ser terrível trabalhar tão duro, ser tão dedicado e o cliente optar por um concorrente."

Quantas vezes seu companheiro lhe contou um caso e você, em vez de aprovar a conduta dele, apoiou a outra pessoa? Por exemplo, ele chega do trabalho e lhe diz que não conseguiu a promoção pela qual estava esperando. Você lhe diz:

1. Que ele tem sorte, porque provavelmente não ficaria satisfeito naquele cargo; ou

2. Que o chefe dele deve ter uma boa razão para não promovê-lo; ou

3. O sujeito que ganhou a promoção está há mais tempo na empresa; ou

4. Talvez agora ele largue daquela empresa estúpida.

Qualquer uma dessas respostas demonstra claramente que você não compreende como ele se sente. Ele se desaponta, pois você não reagiu da forma que ele esperava. Sua reação deveria ter sido: "Que horror! Você deve estar desapontado, pois tem se esforçado tanto! Essa empresa simplesmente não sabe a sorte que tem de poder contar com você." Não ofereça soluções, nem conselhos.

Todas as vezes que meu marido vem me contar alguma coisa, eu digo a mim mesma: "Cale a boca, Ellen! Ele não está pedindo conselhos. Ele quer apenas que você escute e lhe faça companhia."

Isso foi uma revelação para minha aluna Diana, que estava sem falar com Ted, seu marido. Este havia reclamado que John, seu melhor amigo, não o procurava havia mais de quatro meses. A resposta de Diana foi: "Escute, John é uma pessoa muito ocupada.

Provavelmente ele está viajando a negócios. Por que você não continua telefonando para ele? Não é preciso ficar marcando quem telefonou por último."

Diana não percebeu que estava defendendo John, em vez de ver a situação pela perspectiva do marido. Ela poderia ter dito algo como: "É uma falta de consideração da parte dele. Você provavelmente sente falta de falar com ele."

É provável que você nem perceba com que freqüência defende a posição de um estranho, ao invés de ver as coisas através dos olhos do seu amado.

Nadine, uma de minhas alunas, ficou magoada e confusa quando Patrick, seu marido, pediu que ela deixasse de ir vê-lo jogar beisebol nas manhãs de sábado, no time da empresa.

"Não precisa mais ir comigo, está bem? Você fica me dizendo como jogar e não entende nada de beisebol. Na semana que vem, talvez você deva jogar em meu lugar, para que todos vejam como joga bem."

"O que fiz de errado?" perguntou-me Nadine na classe.

Depois de algumas perguntas, consegui fazê-la admitir que, na tentativa de ajudar, ela parecia estar criticando. "Sempre que Patrick perdia uma partida, ele ficava muito irritado. Como não gostava de vê-lo assim, eu tentava fazê-lo sentir-se melhor", disse ela.

Quando perguntei como ela fazia isso, ela respondeu: "Bem, eu lhe dava conselhos."

Que tipo de conselhos? Abaixo estão algumas das sugestões de Nadine:

1. Você gira muito cedo. Acho que você deveria ter esperado um pouco mais.

2. Talvez você deva praticar um pouco mais.

3. Você já pensou em se dedicar a outro esporte, como boliche, que não seja tão frustrante?

4. Escute, você não está sendo pago para jogar. Isso deveria ser um divertimento. Não leve tão a sério.

Quando Nadine viu suas "críticas construtivas" pelo ponto de vista do marido, foi fácil para ela compreender por que ele não queria mais que ela fosse vê-lo jogar. Ela decidiu mudar seu modo de se relacionar com ele e ver se isso faria diferença.

Na semana seguinte, quando Patrick voltou do jogo, Nadine pôde ver pela expressão dele que as coisas não tinham ido bem, mas mesmo assim perguntou: "Olá, querido. Como foi o jogo?"

"NÃO ME PERGUNTE NADA!" respondeu Patrick irritado, ao mesmo tempo em que jogava seu equipamento no chão.

Nadine abraçou-o e disse: "Tudo bem. Sinto muito por você ter tido uma manhã ruim, mas preparei seu prato predileto."

Nadine manteve-se quieta durante o almoço, repetindo para si mesma: "Não diga nada. Ele não está pedindo conselhos, críticas ou avaliações. Quer apenas que você entenda como ele se sente."

Para sua surpresa, Patrick pouco a pouco foi contando como tinha sido o jogo e, quando terminaram o almoço, ele deu um grande suspiro e disse: "Obrigado pelo almoço. Estou melhor agora que comi. E obrigado por me ouvir. Talvez joguemos melhor na próxima semana!"

VOCÊ NÃO PODE CONSERTAR

Se você for um pouco parecida comigo, entenderá quando eu digo que sempre quero melhorar as coisas — ou "consertá-las". Sempre procuro evitar sofrimento, mágoas e desapontamentos, mas não consigo. Como quase todas as frustrações do meu marido estão relacionadas ao seu trabalho, não posso fazê-las desaparecer. Tudo o que posso fazer é ficar ao seu lado, para que ele possa desabafar comigo, e então confirmar que ele tem razão de estar se sentindo daquele jeito. É por isso que acho que a melhor terapia é fazer parte de um grupo de pessoas que tenham passado por situações semelhantes àquela pela qual você passou. Por exemplo, minha casa nunca foi assaltada; assim, posso apenas imaginar o que seria passar por um experiência dessas. A maioria das pessoas diz a uma vítima de roubo que ela teve sorte por não estar em casa quando ocorreu o roubo, ou que ela deve ser grata por não terem levado nada de valor. Mas se a vítima estiver com um grupo de pessoas que já tiveram suas casas roubadas, elas poderão lhe dar razão pela raiva e frustração que está sentindo, independentemente do que foi ou deixou de ser roubado. Os sentimentos estão li-

54

gados à invasão da privacidade. Uma pessoa do grupo poderá revelar que sente medo todas as vezes em que coloca a chave na fechadura, apesar da polícia ter lhe garantido que os ladrões nunca voltam à mesma casa. Outra poderá confessar que apesar de agora contar com um sistema de alarme, ela continua assustada. Outra poderá ter se mudado porque não conseguia suportar a lembrança constante daquela noite terrível em que chegou à sua casa e a encontrou saqueada por estranhos. Mas nenhuma delas tentará oferecer uma resposta ou uma solução. Elas simplesmente partilharão seus sentimentos e a vítima se sentirá melhor por saber que não está sozinha — as outras se identificam com o que ela está sentindo.

Quando uma pessoa perde o emprego, em nada ajuda as outras dizerem: "Oh, não se preocupe. Com seus conhecimentos e sua capacidade, logo você achará outro." Ou "É a melhor coisa que poderia ter acontecido. Você verá. Uma porta se fecha e outra se abre." Ninguém percebe o medo que a pessoa tem de não conseguir achar outro emprego — e a angústia que esse fracasso pode provocar.

Todos nós já ouvimos a expressão: "Chorei porque não tinha sapatos, até que encontrei um homem que não tinha pés", mas realmente não creio que ouvir isso faça alguém se sentir melhor em uma crise. Além disso, é absolutamente ridículo pensar que é possível atribuir valores para saber de quem é a pior tragédia, perda ou desapontamento.

Quando Marie abortou, ficou tremendamente aborrecida com a quantidade de pessoas que lhe diziam que ela tinha tido sorte daquilo ter acontecido logo no início da gravidez, ou que era melhor abortar do que dar à luz uma criança anormal. Nada disso fazia com que ela se consolasse.

"Eu daria qualquer coisa para que alguém me dissesse: 'Oh, sinto muito. Você deve estar se sentindo péssima. Que tragédia, que perda', disse-me Marie mais tarde.

"Não ajudava nada ouvir que eu iria superar aquilo, ou que logo ficaria grávida novamente. É verdade que depois engravidei de novo, mas naquele momento, eu só queria que alguém entendesse o que eu estava sentindo."

Marie concluiu dizendo: "Era ainda pior quando algumas pessoas tentavam diminuir minha perda contando histórias que, na opinião delas, eram ainda mais tristes que a minha."

A MELHOR TERAPIA QUE O DINHEIRO
PODE COMPRAR

Os psiquiatras ganham muito dinheiro porque sabem como reconhecer os sentimentos dos seus pacientes. Por exemplo, um psiquiatra em uma de minhas classes masculinas nos contou que seu papel é permitir que as pessoas se expressem e fazer com que saibam que ele as compreende, dizendo a elas como devem ter se sentido na ocasião. Ele também deixa à mão uma caixa de lenços de papel, que elas podem usar a qualquer momento. Seus pacientes precisam que ele compreenda a situação pela qual estão passando e aceite seus sentimentos, porque ninguém mais pode fazer isso por eles. Se nós — como pais, amigos ou parceiros — fizéssemos isso uns para os outros, menos pessoas iriam precisar de auxílio profissional.

No filme *Crocodile Dundee*, Dundee não consegue entender por que nos Estados Unidos as pessoas levam seus problemas a um estranho (por exemplo, um psiquiatra): na Austrália o lugar para se contar os problemas e ter alguém para ouvi-los é o bar local.

Serena, uma bela mulher cujo coração se partiu quando seu noivo terminou o noivado pouco antes do casamento, porque havia se apaixonado por outra mulher, disse à classe o que sentia a respeito da reação dos seus amigos e parentes.

"Cheguei ao ponto de querer dar um soco na próxima pessoa que me dissesse que eu deveria estar grata por ter descoberto em tempo", confessou Serena, enquanto relatava as velhas ladainhas que havia escutado.

"Acho que as pessoas pensavam estar me confortando quando diziam coisas como 'Sabíamos o tempo todo que ele não era o homem certo para você', ou 'Ouvi dizer que ela não chega aos seus pés em beleza ou inteligência. Eles provavelmente serão infelizes'."

Serena nos contou que acabou indo a um psiquiatra, porque precisava desesperadamente de alguém que compreendesse seus sentimentos — que reconhecesse como era horrível ter seus sonhos reduzidos a pó — que entendesse seus sentimentos de abandono, deixasse que ela expressasse sua raiva por ter sido rejeitada, seu embaraço por ter que cancelar os planos e avisar os convidados que o casamento não iria se realizar e seu desapontamento por perder sua lua-de-mel no Havaí.

Não é necessário concordar com uma pessoa para ajudá-la; procure apenas entender o que ela está sentindo. Seja sensível ao fato de que todos nós temos certos temores, e que os homens não são exceções. Por exemplo, alguns homens têm medo de envelhecer ou de deixar de ser fisicamente atraentes, enquanto outros podem temer a impotência, a pobreza ou qualquer outra dificuldade. Se o seu companheiro tiver a coragem de correr o risco e expressar alguns de seus temores, ouça-o e tente compreendê-lo. Garanta-lhe que você acredita nele e sempre estará ao seu lado. Faça-o saber que sempre poderá lhe contar tudo. Não julgue — apenas ouça. Nenhum de nós tem o direito de julgar os outros, até passar por aquilo que eles passaram.

Quando mulheres me perguntam onde seus companheiros devem buscar ajuda, eu respondo: "Tente ajudá-lo. Fique ao lado dele." Essa é a melhor terapia que o dinheiro pode comprar.

Quando ouvimos que um amigo sofreu uma tragédia ou uma perda, nos perguntamos o que podemos dizer para fazê-lo sentir-se melhor. Sabe qual é a resposta? Nada! Nada que você diga poderá fazê-lo sentir-se melhor. Tudo o que você pode fazer é ficar ao seu lado.

Recentemente, uma de minhas alunas perdeu o marido em um trágico acidente de automóvel. No funeral, o melhor amigo do seu sogro tentou consolá-lo dizendo: "Fred, seja grato por ter outros cinco filhos. O que você faria se este fosse seu único filho?" Mas esse homem não saiu de casa se perguntando "Como posso perturbar meu amigo?" Ele saiu dizendo "O que posso dizer para que ele se sinta melhor?" Teria sido muito melhor se ele apenas abraçasse seu amigo e dissesse: "Sinto muitíssimo. Você deve estar passando pelo inferno. Estou à sua disposição. Há alguma coisa que eu possa fazer por você?" O amigo provavelmente teria respondido: "Não, ter você aqui já é um consolo." Você não precisa ser brilhante ou ter todas as respostas para ajudar. Na verdade, nem precisa ser inteligente. Tudo o que precisa fazer é desenvolver a arte de ouvir e fazer com que a outra pessoa saiba que você compreende o que ela está sentindo e que está ao seu lado.

Leo Buscaglia, o "médico do abraço", escreveu um artigo a respeito de crianças que influenciaram a vida de alguém. Ele conta a história de um homem cuja mulher acabara de morrer. Um dos garotos da vizinhança fez uma visita ao viúvo e ficou com ele durante algum tempo. Quando voltou para casa, sua mãe, achando que o filho havia incomodado o homem, perguntou o que ele havia dito. O garoto respondeu: "Eu não disse nada. Só o ajudei a chorar." As crianças parecem saber por instinto como *estar* simplesmente com outra pessoa e não *fazer* nada.

Há um velho provérbio que diz: "Deus nos deu duas orelhas e somente uma boca, o que significa que devemos ouvir duas vezes mais do que falamos; caso contrário, teríamos recebido duas bocas e uma orelha."

SUBSTITUA UM BICHO DE ESTIMAÇÃO POR UMA PESSOA

Você sabia que os seres humanos morrem se não são tocados? Bem, é verdade! Um estudo conduzido durante a Segunda Guerra Mundial revelou que os bebês nos esterilizados orfanatos americanos estavam morrendo, enquanto os bebês nos sujos e anti-higiênicos orfanatos mexicanos estavam sobrevivendo. Quando se buscou uma razão, descobriu-se que nos orfanatos americanos, os bebês eram colocados em seus berços de forma que pudessem se alimentar de uma mamadeira pendente e somente eram tocados quando suas fraldas eram trocadas. Nos orfanatos mexicanos, para cada criança era designada uma "mama", que a carregava, alimentava e fazia companhia. Os animais podem sobreviver sem serem tocados, mas as pessoas freqüentemente são prejudicadas pelo fato de não serem tocadas. Em um estudo realizado anos atrás, foi observado que a maioria dos criminosos condenados à morte não tinha tido contato físico com os pais ou parentes em sua infância.

Tornamo-nos uma sociedade que se dedica a acariciar e a mimar animais de estimação ao invés de fazer isso com as pessoas. Depois de ler esta seção, quero que você passe a próxima semana acariciando seu companheiro, e não o seu cachorro. Creio que muitos casais, depois de um certo tempo, sentem fome de pele. Você se lembra de que eu disse que os opostos se atraem? Isto significa que, se você gosta de tocar em seu companheiro, é provável que ele não goste disso. Geralmente, as mulheres que gostam do contacto com seu parceiro me dizem: "Eu costumava acariciar meu companheiro o tempo todo, mas isso o deixava tão embaraçado que ele pediu que eu parasse; assim, deixei de tocá-lo."

Essas mulheres não deveriam ter deixado de fazer isso! Tocar é saudável e quem toca possui uma força da qual o parceiro carece. Elas deveriam ter dito: "Não, não vou parar de tocá-lo. Vou continuar a acariciá-lo pelo resto da vida; portanto é melhor se acostumar com isso."

Em um artigo na revista *New Woman*, intitulado "A Arte de Abraçar", Jim Lytle explica que quando somos abraçados, nosso corpo libera endorfinas. Conhecidas como estimulantes da natureza, essas substâncias são liberadas quando nos sentimos muito bem. Por exemplo, se você souber que acabou de ganhar um milhão de dólares na loteria, irá liberar endorfinas. Elas aumentam sua resistência às doenças e ajudam a reduzir a dor. Como vê, muitas curas podem ocorrer quando tocamos outro ser humano.

Duzentos pacientes de um hospital foram estudados recentemente, para testar sua resposta ao toque. Metade deles deveria ser tocada por todos os membros da equipe do hospital que entrassem em seus quartos, inclusive médicos, enfermeiras, ajudantes e mesmo a nutricionista. O médico poderia tocar o braço do paciente quando perguntasse como ele estava se sentindo, ou uma enfermeira poderia acariciar seus cabelos ou seu ombro ao lhe dar a medicação, e assim por diante. A outra metade dos pacientes não deveria ser tocada, exceto quando necessário, para a execução de tarefas rotineiras. Surpreendentemente, os pacientes que eram tocados se curaram três vezes mais depressa que aqueles que não eram. Como resultado do estudo, hoje são oferecidos cursos de "Toque da Cura" às enfermeiras.

Uma das coisas mais tristes a respeito da velhice é que os idosos, especialmente aqueles que ficam em casas de repouso, têm muito poucas oportunidades de tocar e ser tocados. Todos os anos, no condado onde moro, é realizada uma feira e uma de suas atrações é a "barraca do abraço". No início, eu questionei por que teriam uma barraca para isso, perguntando a mim mesma quem iria esperar na fila para ser abraçado por um estranho. Surpreendentemente, essa é sempre a barraca mais concorrida da feira, com pessoas idosas esperando para receber um abraço gratuito.

Um casal de proprietários de uma casa de repouso disse-me que seus pacientes viviam à espera dos domingos, quando sua neta de quatro anos ia visitar os avós. Ela sentava-se no colo de todos e os abraçava e beijava. Quando chegava a quinta-feira, os pacientes começavam a perguntar com ansiedade se Heather viria no domingo seguinte. Não seria maravilhoso se todas as crianças da comunidade que não estivessem sendo tocadas pudessem visitar os lares de idosos onde estes estão literalmente morrendo de vontade de tocar e ser tocados?

Meu marido contou-me a respeito de um filme sobre gerência que viu, o qual demonstrava o poder do toque. No filme alguém perguntava às pessoas que saíam de uma cabine telefônica onde ficava uma determinada rua importante da região. Alguns minutos depois, essas mesmas pessoas eram abordadas por uma outra, que perguntava se alguém tinha lhes pedido alguma informação, se era homem ou mulher e se elas podiam descrever o que ele ou ela estava vestindo. Enquanto elas tentavam se lembrar, a câmera focalizava suas expressões embaraçadas. As poucas que conseguiram se lembrar do sexo da pessoa que lhes pedira informações normalmente não tinham idéia do que ela estava vestindo. Depois a experiência foi repetida com outras pessoas, mas com uma diferença. Aqueles que solicitavam as informações, colocavam a mão sobre o ombro das pessoas. Estas, interrogadas alguns minutos depois, não só sabiam se haviam sido abordadas por um homem ou uma mulher, mas também conseguiam descrever o que ele ou ela estava vestindo. Obviamente, **estabelecemos uma ligação quando tocamos outro ser humano.**

ESFORCE-SE E TOQUE ALGUÉM

Vendedoras que participaram de meus cursos e vendiam mais de $1 milhão por ano contaram-me que têm uma vantagem sobre seus colegas homens, porque podem usar de sua feminilidade. Substituindo o aperto de mão masculino por um abraço, elas sempre conseguem a venda ou fazem um negócio maior. As participantes de um grupo de gerentes que fizeram meu curso e trabalhavam com vendas diretas,ou seja, fazendo reuniões na casa de uma cliente que se dispunha a convidar um grupo de amigas e conhecidas, conseguiram aumentar em 50% suas reuniões, apenas tocando nas convidadas, enquanto lhes perguntavam se elas estariam interessadas em ser anfitriãs das próximas recepções.

Enquanto discutíamos sobre o toque em uma de minhas aulas, Jean, uma corretora de imóveis de sessenta anos, percebeu de repente por que seus clientes lhe eram tão leais. A maioria dos corretores lhe dirá que os clientes não são leais. Eles colocam sua propriedade à venda com você por um curto período e, se não obtêm resultados, mudam de imobiliária. Um casal em busca de uma casa recorre a vários corretores. Isso nunca acontecia com Jean — não porque, como acreditavam seus colegas, ela fosse a figura de uma avó — mas porque, como ela disse, "Toco nas pessoas automaticamente. Não consigo manter minhas mãos afastadas das pessoas e, como trabalhamos juntas, elas sentem como se eu fizesse parte da família delas."

Paula, uma mulher de quarenta anos que criava sozinha seus três filhos adolescentes, ficou tão motivada depois da palestra sobre toque que foi para casa e fez questão de abraçar cada um dos filhos. Como resultado, naquela noite os três seguiram-na por toda parte como cãezinhos, falando sem parar. Chegaram a esperar no lado de fora enquanto ela estava no banheiro, conversando todo o tempo. Normalmente, ela e os garotos se cumprimentavam com um rotineiro "Oi, como foi o dia?", sem que ninguém se desse ao trabalho de responder. Mas naquela noite eles ficaram conversando na cama dela até as duas da manhã. Paula disse que havia anos que eles não se sentiam tão próximos. *Esforce-se e toque alguém!*

Eis aqui um jogo que você pode fazer com seu companheiro. Da próxima vez que vocês forem a uma festa ou reunião, diga-lhe que ele deverá tocá-la três vezes durante a noite e que você fará o mesmo. Pode ser qualquer tipo de contato — um beijo, um tapinha nas costas, um aperto de mão — desde que vocês se sintam ligados um ao outro.

Depois de me ouvir descrever o jogo na classe, Bonnie, uma de minhas alunas, decidiu experimentá-lo com seu marido Mel. Uma noite, quando saíram para um banquete de premiações da empresa dele, Bonnie contou-lhe sobre o jogo. Ela sugeriu que se tocassem pelo menos seis vezes durante a noite, de preferência com um beijo. Mel, que nunca havia demonstrado afeição em público, objetou vigorosamente. "Isso é ridículo", disse ele. "Eu ficaria muito encabulado."

Não obstante, Bonnie insistiu. "Podemos fazer isso muito discretamente", disse ela. "A menos, é claro, que você prefira um beijo cinematográfico, em que eu me jogue em seus braços e o beije apaixonadamente", caçoou ela.

Relutantemente ele concordou, com um pequeno sorriso.

"Foi muito divertido", contou Bonnie na semana seguinte. "Trocávamos beijos furtivos no rosto ou nos lábios, e uma vez ele me deu tapinhas nas costas. Sentimo-nos mais íntimos e ligados do que havíamos estado em muito tempo e quando voltamos para casa fizemos amor, apesar de Mel ter que se levantar às cinco para trabalhar."

"Certamente vamos fazer isso de novo", concluiu Bonnie.

O BEIJO DE DEZ SEGUNDOS

Há anos eu pergunto às mulheres em minhas palestras se elas já se sentiram solitárias, desoladas e vazias minutos depois de seus companheiros chegarem em casa. A maioria responde que sim. Se você também sente isso, vou lhe ensinar um método infalível para eliminar esse problema. Diga ao seu companheiro que quer fazer uma experiência. Na próxima semana, todas as vezes em que vocês se encontrarem depois de terem ficado afastados por algumas horas, trocarão um beijo de dez segundos. Diga-lhe que não importa se um dos dois teve um dia horrível. Vocês deverão se cumprimentar com um beijo de dez segundos. No começo vocês poderão usar um cronômetro, até se acostumarem com a duração do beijo. A maioria das mulheres, quando ouve isso pela primeira vez, acha que dez segundos não é muito tempo, mas é. Depois que iniciar essa prática, você se sentirá muito íntima do seu companheiro e ligada a ele a partir do momento em que ele chegar. Os primeiros minutos dão o tom para o resto da noite. Em sua maioria, os casais estão acostumados a se cumprimentar apenas verbalmente, com um "Oi, cheguei", ou "Tem alguém em casa?" Não há uma resposta física, o que leva àqueles sentimentos de isolamento. Uma vez que vocês iniciem esse novo modo de relacionamento, sentimentos de intimidade e afeto irão substituir os de isolamento. Então vocês poderão prosseguir com suas atividades, como preparar o jantar, abrir a correspondência, brincar com os filhos ou fazer os telefonemas necessários. A diferença será que vocês se sentirão ligados um ao outro.

DÊ VALOR AO HOMEM, NÃO AO PRESENTE

Os presentes constituem uma forma maravilhosa de comunicação quando as palavras são difíceis ou insuficientes. No início de qualquer relacionamento, cartões e pequenos indicadores do seu amor são dados e aceitos como uma forma de dizer "estou pensando em você" ou "eu te amo". Em retribuição, tomamos o cuidado de agradecer as atenções da outra pessoa.

Porém, com o passar dos anos, começamos a dizer coisas como "Você pagou quanto por isto?"

"Não posso acreditar que você tenha pago o preço de varejo quando eu poderia comprar com desconto."

"Isso é caro demais."

"Eu realmente não precisava disto."

"Na verdade, não gostei da cor."

"Isto não me fica bem", ou

"O que devo fazer com isto?" Sempre ensinei meus filhos a pensar, quando estão abrindo cada presente, no trabalho que a pessoa teve para comprá-lo e não no presente em si.

Especialmente depois das festas de fim de ano, as lojas se enchem de mulheres devolvendo presentes que receberam de seus companheiros. Bárbara, uma de minhas alunas que trabalhava na seção de roupas íntimas de uma grande loja de departamentos, nos contou que os homens passam tanto tempo procurando achar a camisola certa para suas mulheres, que deixam todos loucos. Mas quando saem, eles se sentem orgulhosos por terem achado exatamente a coisa certa. Então, no dia seguinte, a mulher entra rindo e dizendo algo como: "Vocês podem acreditar que meu marido escolheu isto?" Bárbara disse que muitas vezes tinha vontade de gravar em vídeo os maridos comprando, pois uma mulher que pudesse ver quanto tempo e energia seu marido gastou para tomar sua decisão nunca devolveria seu presente.

Gosto de utilizar a técnica de projeção simultânea de duas cenas para ensinar as mulheres a serem sensíveis com relação aos seus companheiros. Mindy, uma aluna, contou à classe que um dia ela e seu namorado estavam olhando vitrines quando ela viu um maravilhoso par de sapatos e comentou que adoraria tê-los.

No aniversário dela, seu solícito namorado presenteou-a com uma enorme caixa, que Mindy começou a abrir com curiosidade. Mas seu desapontamento foi nítido quando viu que a caixa continha os sapatos que ela havia admirado na vitrine — seis pares deles, cada um em uma cor diferente!

Agora, visualize uma tela com duas cenas e imagine o que poderia estar se passando na cabeça do namorado. Ele provavelmente estava pensando:

"Puxa, mal posso esperar até que ela abra esta caixa e veja a surpresa. Ela ficará emocionada por ter os sapatos de que gostou, e terá seis cores para escolher. Compare o entusiasmo e o prazer dele com a expressão de desapontamento dela.

Quero que você pense sempre na intenção, quando receber um presente. Se era agradá-la, não deixe transparecer que a pessoa se enganou. Outra aluna disse que seu marido foi à França e lhe trouxe uma calcinha de setenta e cinco dólares. Quando soube quanto havia custado, ela explodiu!

"Como você foi capaz de gastar todo esse dinheiro numa peça de roupa íntima", gritou ela. "Você sabe que estamos sem dinheiro", prosseguiu irritada, enquanto atirava a calcinha numa gaveta e jurava nunca usá-la.

Usemos de novo a tela dupla. Em que ele estava pensando? Provavelmente em algo do tipo: "Já que não pude trazê-la nesta viagem de negócios, quero levar para ela uma coisa realmente especial. Ela merece." Compare esta cena com a raiva da mulher e sua indiferença em ferir o orgulho dele.

De certa forma, quando somos namoradas, sempre apreciamos nosso companheiro, independentemente dos presentes que ele nos trás; mas anos depois, já casadas, nos preocupamos com os preços.

Em minha lua-de-mel, pedi que meu marido escolhesse um perfume do qual realmente gostasse. Ele deve ter cheirado dez perfumes diferentes até se entusiasmar com um deles. Ele o adorou! Disse que era muito *sexy* e excitante. Eu achei que aquilo me deixaria com o cheiro de uma prostituta francesa, mas porque estava loucamente apaixonada, usei aquele perfume caro e muito forte até que finalmente se acabasse.

64

Em nosso décimo-oitavo aniversário de casamento, meu marido estava tão entusiasmado com o presente que me havia comprado, que eu mal podia esperar para abri-lo. Adivinhou! Lá estava ele de novo, *aquele* perfume! Eu tinha um segundo para decidir se lhe dizia o quanto detestava aquela fragrância, ou como era bom ter um homem que ainda se lembrava de um presente especial que comprara para mim na lua-de-mel. Escolhi a segunda alternativa, e tivemos uma noite muito romântica.

Eu penso da seguinte forma: Qual é o problema se seis dias por semana eu uso um perfume de que gosto e um dia uso aquele que agrada a ele? Agora eu lhe pergunto: Qual é o problema se uma vez por semana ou por mês você usar um vestido ou acessório que agrade ao seu companheiro? Qual é o problema se tiver vinte quadros em sua casa e um deles for um presente dele, do qual você não gosta muito? Pendure-o na parede também! Qual é o problema de usar de vez em quando uma jóia que ele lhe deu, mesmo que você não goste muito dela? Alguém gostou o suficiente para desenhá-la. Alguém gostou dela e decidiu tê-la em sua loja. Seu companheiro gostou tanto dela que resolveu comprá-la. Use-a de vez em quando! Você poderá usar aquelas de que gosta o resto do tempo.

Aprenda a dar valor ao homem, não ao presente. Ele deve ter tido muito trabalho para comprá-lo. Aprecie o sacrifício dele, seja em tempo ou em dinheiro. Se você tem a sorte de ter um homem que vê algo em uma loja e diz: "Puxa, minha namorada (ou esposa) ficaria ótima usando isso", considere-se uma felizarda. As mulheres que reclamam porque seus companheiros nunca lhes dão presentes costumam se lembrar, depois de alguma reflexão, que houve um tempo em que eles lhes compravam presentes, mas foram desencorajados devido à óbvia decepção ou atitude negativa delas. Os homens cujas companheiras criticam seus esforços acabam lhes dando dinheiro para que comprem o que lhes agradar, para não se sentirem estúpidos nem acharem que compraram a coisa errada.

Outra aluna, contou à classe a seguinte história, enquanto nos mostrava seu anel de brilhantes de dezoito mil dólares. Dez anos antes, quando seu marido lhe dera aquele belo presente, ela insistiu que ele o levasse imediatamente a um parente seu, para que este o avaliasse. O avaliador concluiu que o marido havia sido enganado em cerca de três mil dólares! E nas palavras de Sheila: "Perdi mais que três mil dólares. Este foi o último presente que ele me deu".

NÃO DEIXE SEU MARIDO MALUCO

Muitas mulheres reclamam que seus maridos nunca têm opinião a respeito de onde ir, do que comer ou do que elas deveriam vestir. Tenho observado que os homens iniciam um relacionamento dispostos a fazer sugestões, mas se fecham quando enfrentam objeções freqüentes. Em sua maioria, os homens querem agradar suas mulheres e deixá-las felizes. Mas quando seu marido sugere comida chinesa para o jantar, depois que você indicou que não tem nenhuma preferência em particular, e você diz: "Não, não estou com vontade", você está querendo deixar alguém louco. Você diz uma coisa e quer dizer outra.

Pode ser que você peça a ele para ajudá-la a comprar um vestido novo. Quando ele encontra um que gostaria que você experimentasse, sua resposta é: "Esse é feio. Eu nunca poderia usá-lo." E você não sabe por que ele detesta ir às compras com você?

No início do relacionamento, você lhe pergunta como deveria usar seus cabelos. Ele diz: "Gosto deles compridos." Mas você gosta? Não. Quando eles começam a incomodá-la, você vai ao cabeleireiro e manda cortá-los.

De vez em quando, se você pedir a opinião dele, respeite-a! Muitos homens me dizem que não expressam mais suas opiniões porque o que pensam parece não ter importância. "Ela pede minha opinião e faz o oposto", dizem eles. Faça de vez em quando aquilo que ele sugere e diga-lhe o quanto sua opinião e seus conselhos significam para você.

Meu marido detesta ir às compras, mas sempre me acompanha quando preciso de ajuda na escolha de um vestido para uma ocasião especial. Você sabe por quê? Porque há alguns anos, comprei um vestido que ele achou que me caía muito bem, apesar de eu não ter a mesma opinião. Ironicamente, recebi mais elogios por aquele vestido do que por qualquer outro que já vesti. E todas as vezes que alguém me dizia como eu estava bem naquele vestido, eu ficava radiante e dizia: "Muito obrigada. Foi meu marido quem o escolheu." Ele se sentia ótimo todas as vezes em que eu lhe contava dos elogios que havia recebido; assim, na próxima vez não foi difícil persuadi-lo a ir comigo para escolher outro.

ATIVIDADE Nº 3

Pegue agora outra ficha e escreva:

Ouvirei, ouvirei, ouvirei – com meu coração, não com minha cabeça.
Farei com que meu companheiro saiba que compreendo o que ele sente, e que estou ao seu lado. Não criticarei, nem darei conselhos ou opiniões de qualquer espécie, a *menos que* ele peça ajuda.

Tocarei em meu companheiro todos os dias – a partir de hoje.
Darei tapinhas em suas costas, abraços, beijos, esfregarei suas costas, segurarei sua mão, tocarei seu braço ou sua perna quando estivermos próximos um do outro. Farei qualquer coisa que me ligue fisicamente a ele. Caso eu deixe de tocá-lo um dia, preciso compensar no dia seguinte, tocando-o o dobro de vezes.

Usarei ou vestirei um presente que ele me deu.
Reservarei uma peça de roupa ou jóia que ele me deu e usarei esta semana. Colocarei um objeto doméstico dado por ele num lugar destacado e confirmarei se ele o viu.

Da próxima vez que ele fizer uma sugestão, aceitarei.
Seguirei um conselho de meu companheiro e direi a ele como é esperto ou inteligente. Elogiarei suas idéias maravilhosas ou sua capacidade de resolver problemas.

CINCO

Romance Já!

Gosto muito de receber informações de ex-alunas que puseram em prática aquilo que aprenderam em classe. Diana foi uma das melhores, como demonstra a carta que me enviou:

Estou casada há dezesseis anos e nosso casamento sempre foi bom. Mas agora, depois do seu curso, meu marido Bob e eu atingimos um novo nível de excitação, ao nos redescobrirmos.

Bob é um homem muito conservador, quieto e reservado. É um militar e fica fora grande parte do tempo; ele estava numa missão de seis meses quando me matriculei em seu curso. Recentemente ele veio para casa por duas semanas de D e D (descanso e descontração) e decidi experimentar algumas das suas sugestões.

Comprei lâmpadas vermelhas, cinta-liga e meias pretas, creme de massagem Kama Sutra e muitas velas. Eu estava extremamente excitada e ansiosa para saber qual seria a reação de Bob.

Temia que ele risse de mim, ou mesmo que me achasse uma pervertida.
Não foi nada disso. Ele adorou minhas idéias e descobrimos duas novas pessoas como resultado da minha tentativa. Depois que ele retornou à sua missão recebi uma carta maravilhosa, a qual quero partilhar com você.

Abraços,

Diana

Bob escreveu o seguinte:

Amá-la e fazer amor com você nunca foi tão fácil e prazeroso como da última vez em que estive em casa. Você revelou uma sua nova faceta que provavelmente sempre existiu, mas você mantinha guardada.
Você não imagina como estava excitante. Enquanto muitos casais estão desistindo disso depois de dezesseis anos, ou procurando casos fora do casamento, você mudou tudo e floresceu como uma mulher que se sente à vontade com sua nova (ou recém-revelada) sensualidade.
Você me fez, ao invés de olhar lembranças do passado, examinar possibilidades futuras. Não me lembro de ter achado você tão adorável ou excitante. Você terá que ser um pouco paciente e esperar que eu me libere de minhas inibições conservadoras, enquanto procuro me equiparar à sua recém-descoberta exuberância para o amor.
É assustador — na verdade, estimulante — ter uma esposa, mulher, amante com tamanho gosto pela vida, por si mesma e pelo homem que ama!
Os dias que passamos juntos me deram lembranças maravihosas e, mais importante, um vislumbre do futuro com você. Nossos filhos terão que se acostumar com portas trancadas, noites fora de casa e grandes sorrisos em meu rosto, porque estou louco para estar ao seu lado e amá-la.

Por que tenho a sorte de ser amado por uma mulher como você? Eu gostaria de me expressar melhor. Continuarei tentando até acertar.

Com amor,

Bob

Eu diria que ele se expressou muito bem!

Este capítulo é dedicado a fazê-la mostrar sua feminilidade e destacar as habilidades de que você necessita para tornar excitante e romântico um relacionamento que se tornou desinteressante e rotineiro. Romance verdadeiro é tomar a decisão de fazer com que seu companheiro saiba, de muitas maneiras, que significa mais para você do que qualquer outra pessoa no mundo. É dizer: "Farei tudo o que puder para que você saiba que é amado e faz realmente diferença em minha vida."

Parece que sabemos instintivamente como fazer com que nossos amigos se sintam especiais, mas quando se trata de agradar nossos companheiros, não nos saímos tão bem. Por exemplo, se você começasse a arrumar uma mesa maravilhosa e a limpar a casa, seu companheiro pensaria que você convidou alguém para jantar? Ele perguntaria "Quem vem aqui hoje?". Se é este o caso, está na hora de você fazer um esforço semelhante só para ele, de forma que possa surpreendê-lo ocasionalmente e dizer: "Ninguém, isto é só para você!"

TEMPO PARA FICAR A SÓS

A primeira pergunta que faço a uma mulher que está se queixando do seu relacionamento ou casamento é: "Há quanto tempo vocês dois não saem sozinhos — sem filhos, nem amigos?" A resposta costuma ser sempre a mesma: "Não me lembro", ou "No mínimo, uns três ou quatro anos."

Um relacionamento não pode sobreviver, muito menos florescer, a menos que vocês reservem tempo para ficarem a sós. É por isso que os casos amorosos são tão bons. Quanto tempo você acha que duraria um caso, se vocês levassem junto os pais, amigos ou filhos onde quer que fossem? Seu casamento merece a mesma atenção. **Você precisa tomar a decisão de ter com seu companheiro um caso que dure a vida inteira.**

Na minha opinião, para que um relacionamento dure vocês precisam ter aquilo que chamo de "noite do encontro" ao menos uma vez por semana. Nessa noite, você e seu companheiro fazem alguma coisa a sós — sem amigos, filhos ou parentes. Também não deve haver horário nem trabalho, isto é, as responsabilidades e pressões da vida devem ficar de fora. Ainda restarão seis noites na semana para vocês gastarem com amigos, parentes ou problemas.

Esta é a parte fácil. A seguinte é um pouco mais difícil. Ao menos uma vez a cada três meses, vocês devem passar fora um fim-de-semana juntos. Uma noite em um hotel serve, desde que vocês cheguem cedo e saiam tarde.

Agora vem a parte mais difícil. Ao menos uma vez por ano, vocês precisam planejar férias a sós de no mínimo sete dias. Sei que você pode estar pensando que estou louca. É uma ótima idéia para quem dispõe de tempo e dinheiro e não tem filhos, mas não é essa a minha situação. Eu lhe disse que é difícil, mas você precisa encarar esta "saída" como um investimento em seu futuro. Todas nós conhecemos a expressão "Algum dia você terá que pagar a conta." Se você não usar o tempo e o dinheiro agora, para os bons momentos, garanto que irá usá-los mais tarde para pagar os maus. Se você não gastar agora tempo e dinheiro para cultivar um relacionamento estável para sua família, provavelmente irá gastá-los mais tarde para superar os sentimentos de insegurança dos seus filhos.

Quando os dois trabalham, o dinheiro pode não ser um problema insuperável, mas sacrificar o tempo com a família pode causar um sentimento de culpa, se vocês já sentirem que não têm muito tempo para os filhos. Mas lembre-se: quanto mais felizes e descontraídos vocês forem como casal, mais forte será seu casamento e mais felizes serão seus filhos. Tratarei em detalhe do sentimento de culpa no Capítulo 7.

Como expliquei à minha aluna Trudy há mais de sete anos, o maior presente que você pode dar aos seus filhos é um relacionamento amoroso e durável entre você e seu companheiro. O custo das férias é insignificante, quando comparado ao custo de uma doença ou de um divórcio. Todos nós sabemos que o preço de um divórcio é horrendo, financeira e emocionalmente. E, acredite em mim, se vocês não reservarem tempo para ficarem a sós, o divórcio ou uma doença (ou ambos) terão muita probabilidade de ocorrer!

Recebi recentemente uma carta de Trudy, que queria que eu soubesse o que meu conselho significou para ela:

> ... quando procurei você chorando, decidida a terminar meu casamento de quinze anos, você prescreveu férias de uma semana para John e eu.
>
> Depois de expor todas as minhas razões para achar a idéia impossível, você se deu ao trabalho de me convencer que essas férias anuais eram algo necessário a nós mesmos e aos nossos filhos, qualquer que fosse o custo.
>
> Você chegou a mostrar a John, no papel, os custos totais de uma semana de férias versus os custos de um divórcio. A diferença era chocante! Diante daquela prova, não havia como negar a lógica do seu raciocínio.
>
> Seguimos o seu conselho e embora muitos de nossos amigos (alguns dos quais estão hoje divorciados) achassem que estávamos loucos, pagamos as férias inteiras com cartão de crédito. De algum modo, aquele tempo que passamos juntos permitiu que voltássemos a ser 'marido e mulher', em vez de 'mamãe e papai', e nosso relacionamento beneficiou-se tanto que continuamos, desde então, a tirar uma semana de férias todos os anos.
>
> Muito obrigada por suas convicções, sua segurança e seu conhecimento.

É preciso que você ache um meio para tornar essa viagem anual obrigatória, mesmo que, a princípio, ache isso impossível. Tenho visto muitas soluções criativas para os obstáculos comuns que a impedem de passar uma semana a sós com seu marido. Por exemplo, Bárbara, uma de minhas alunas, tinha três filhos e trabalhava em tempo integral para equilibrar as finanças do casal. Obviamente, uma semana de férias era um luxo ao qual ela e seu marido não se podiam dar. Bárbara resolveu o problema combinando uma semana de babysitting por ano com uma grande amiga.

Quando chegava a "semana deles", eles levavam as crianças para a casa da amiga e, ao invés de ir de carro ou avião para um hotel, voltavam para sua própria casa e fingiam estar em outro lugar. Um ano eles faziam de conta que estavam em um chalé suíço, no outro, que estavam no Sul da França ou no Japão.

"Nós nos divertíamos muito fazendo de conta", disse Bárbara. "Com as crianças fora, sentíamo-nos em lua-de-mel. Ficávamos meses ansiosos, à espera daquela semana a sós.

"Tomar café na cama, fazer amor à tarde, tomar banho juntos, fazer longas caminhadas no final de tarde e concentrarmo-nos um no outro de uma forma que não seria possível com as crianças por perto, tudo isso renovava nosso amor e fortificava nosso casamento para mais um ano.

"Não sei se teríamos conseguido sobreviver como casal sem essas *férias*", admitiu Bárbara.

"Até mesmo acampar pode ser um prazer", disse Anita, outra aluna.

"Fazer uma caminhada pelos bosques de mãos dadas ou ficar sentado diante da fogueira à noite pode ser maravilhoso, se você não precisa se preocupar com necessidades alheias", acrescentou ela. De acordo com Anita, as viagens para acampar sozinha com o marido fizeram dos dois melhores pais; eles sempre se mostravam mais pacientes e compreensivos com seus filhos quando retornavam dessas viagens.

APAIXONADOS NO INÍCIO, APAIXONADOS ATÉ O FIM

Quando se apaixonam, você e seu companheiro vêem um ao outro somente como amantes e o tempo que passam juntos é íntimo e muito precioso. Depois, com o passar dos anos, à medida que você mergulha cada vez mais no papel de esposa, mãe, profissional ou enfermeira dos pais, os dois podem se esquecer completamente por que se apaixonaram um pelo outro. No início, você o apreciava, admirava e amava, dando atenção exclusiva a ele. Mas nossas vidas ficam inevitavelmente mais complexas e nos envolvemos com muitas outras pessoas. Há filhos, amigos e pais idosos que exigem muito de nosso tempo e da nossa energia, e começamos a dedicar menos energia ao nosso relacionamento e não nos preocupamos com nosso companheiro. O que tipicamente acontece é que se passam dias, semanas e anos e, de repente, percebemos que estamos jantando com um estranho. Não permita que isso aconteça. **Para manter o romance em seu relacionamento, você precisa ser a amante do seu companheiro pelo menos uma parte do tempo!**

A maioria das mulheres acha muito difícil assumir plenamente o papel de amante em sua própria casa. Para quase todas nós, o lar representa trabalho. Mesmo que não haja crianças presentes, ele ainda é um local de trabalho. Há camas para arrumar, compras a fazer, pisos para limpar. Normalmente, esperar que uma mulher se descontraia em sua própria casa é o mesmo que esperar que um homem se descontraia o suficiente para fazer amor no trabalho. Mesmo as mulheres que trabalham fora em tempo integral não vêem suas casas como um lugar relaxante.

Uma mulher, para se sentir completamente descontraída, precisa ir a um hotel ou a um motel. Pode acreditar em mim. Tenho conversado com inúmeras mulheres que ficam surpresas pelo fato de se sentirem pessoas completamente diferentes sempre que saem de casa para umas férias, mas na verdade não há mistério nenhum. Isso acontece porque elas estão, física e emocionalmente, distantes de seus lares e locais de trabalho.

Já os homens, em sua maioria, vêem sua casa como um refúgio, provavelmente porque não dividem diariamente as tarefas domésticas.

Não estou de forma alguma sugerindo que você sacrifique as férias familiares em favor de férias a sós com seu marido. Ao contrário, você deve tirar as férias familiares *além* das férias a dois.

Antes de começar com o usual "Como ela pode esperar que eu tire duas semanas de férias?", pense no seguinte: se você apanhar uma gripe, provavelmente ficará sem trabalhar de sete a dez dias.

Se você sofrer um acidente, levará um mês ou mais para se recuperar.

Se houver uma morte em sua família e você ficar emocionalmente abalada, ficará algum tempo sem trabalhar.

Um divórcio é emocionalmente tão devastador que a maioria das mulheres acaba tirando uma licença para recuperar as forças e seu equilíbrio emocional.

Por que esperar que aconteça alguma coisa negativa para se permitir uma folga? Tire agora uma semana de férias maravilhosas,

CRIANDO LEMBRANÇAS INESQUECÍVEIS

Freqüentemente escuto mulheres se queixando de que suas vidas (ou seus companheiros) são chatas, mas não existe nenhuma desculpa para alguém se sentir entediado — jamais! Como a rotina, a previsibilidade e a passividade estão no âmago do tédio, tudo o que você precisa fazer para aliviá-lo é mudar apenas uma coisa! Por exemplo, as pessoas ainda estão comentando um dos mais memoráveis jantares que já dei. Nunca esquecerei a expressão de nossos convidados, quando se sentaram às mesas e encontraram, em vez de facas e garfos, luvas de borracha. "Que estranho", devem ter pensado. "Talvez ela esteja planejando servir patas de caranguejo." Imagine o choque e a surpresa deles quando foi servido o prato principal — espaguete com almôndegas. Todos nós ríamos histericamente enquanto tentávamos comer o espagueti, o molho e as almôndegas usando luvas de borracha, sem talheres. Consegui que todos os convidados nunca mais se esquecessem daquela noite.

Embora haja muitas coisas na vida sobre as quais não temos controle, todos nós somos capazes de fazer coisas inesquecíveis. Lembre-se, quando estivermos velhos e tudo já tiver sido dito e feito, só nos restarão nossas memórias. E nos lembraremos melhor daqueles eventos que tiveram um significado especial — aquelas experiências loucas, sem compostura — e não se servimos batatas fritas ou assadas, qual era a aparência da casa ou o que vestíamos. Como disse alguém, "Você nunca se lembrará do exame em que foi reprovado, mas sempre se lembrará da pessoa com quem estava na noite em que decidiu não estudar para aquele exame." Comece a criar as lembranças que você e sua família gostarão de ter no futuro.

Planejar uma surpresa para seu companheiro é uma forma muito direta de mostrar que você realmente se importa com ele e, ao mesmo tempo, de tornar algo inesquecível. A pessoa que recebe a surpresa só poderá curti-la enquanto durar e poderá lembrar-se dela depois, mas você terá o prazer adicional de planejar e executar tudo. Sempre digo às mulheres que planejem uma surpresa do tipo

"Oh, não, eu não poderia fazer isso. Não sou assim", porque quando você faz alguma coisa completamente fora de propósito, seu coração bate mais depressa e sua adrenalina flui. Faça algo imprevisível, espontâneo e diferente. Não se preocupe com o fato de você "não ser o tipo" — todos têm capacidade para serem criativos e estimulantes. Você precisa somente de tempo, energia e disposição para tentar algo diferente.

Pamela, segundo ela mesma uma advogada "muito conservadora e austera" com pouco mais de trinta anos, é um exemplo perfeito daquilo que pode ser feito quando você ousa ser diferente. Como ela contou à classe, "Não sei o que tomou conta de mim. Nunca fiz nada parecido nem antes nem depois, mas na véspera do meu segundo aniversário de casamento, à tarde telefonei para o escritório de meu marido, que também é advogado. Quando ele atendeu, eu lhe disse: 'Alô! Estou no quarto doze do Motel Shangri-lá, deitada completamente nua e esperando por você'."

Apanhado completamente desprevenido, o marido perguntou "Quem fala?!" Quando Pamela respondeu: "É sua mulher *sexy*, e estou à espera do meu marido *sexy*", ele se voltou para o cliente que estava na sala e disse: "É uma emergência. Preciso sair imediatamente. Teremos que adiar nossa reunião."

Pamela contou que ele chegou ao motel em poucos minutos e até hoje comenta aquele inesquecível aniversário de casamento e a maneira assombrosa pela qual ela o surpreendeu.

Outra surpresa maravilhosa foi tramada por Gina, uma loira jovial casada com um cirurgião muito sério. que, segundo ela, "dificilmente dá um sorriso". Uma noite de Halloween, por volta das dez horas, Gina disse ao marido que ia até a garagem para acabar de lavar a roupa e pediu a ele que, caso alguma criança tocasse a campainha para dizer "gostosuras ou travessuras", ele lhe desse alguns doces.

Aborrecido, o marido resmungou: "É melhor que não venham com histórias a esta hora."

Quando Gina chegou à garagem, tirou todas as suas roupas e vestiu uma capa de chuva e uma máscara de macaco que havia escondido lá. Silenciosamente, ela esgueirou-se até a frente da casa e tocou a campainha. Seu marido, ainda resmungando, abriu a porta e viu-se frente a frente com uma mulher nua com máscara de macaco gritando "Gostosuras ou travessuras!" A surpresa foi tão grande que ele deixou cair a tigela de doces que tinha na mão e ficou paralisado, incapaz de falar ou de se mover.

"Até hoje", contou Gina, "ele começa a rir ao primeiro sinal de Halloween", por causa dessa lembrança.

Sempre que me sinto entediada, pergunto a mim mesma o que poderia fazer de imprevisível e divertido. Certa vez, no Dia dos Namorados, meu marido estava conduzindo um seminário num hotel próximo e eu lhe perguntei a que horas seria o intervalo para o cafezinho da tarde, pois queria lhe enviar uma surpresa. Achando que iria receber flores ou doces (que maçante), ele disse que o intervalo seria às três da tarde. Alguns dias antes, eu comprei um enorme gorila de chocolate embalado em um engradado e contratei uma empresa de entregas especiais para mandar um entregador fantasiado de gorila levar o presente ao meu marido, no local do seminário. Reservei para mim um quarto no mesmo hotel e, precisamente às três horas, as portas do elevador se abriram e dele saiu um gorila de um metro e noventa.

Mais tarde, meu marido disse que, quando viu o gorila, rezou para que não fosse com ele. Mas o gorila foi à procura do Sr. Kreidman e lhe entregou o presente e um bilhete meu, que dizia: "Quando terminar, venha ao quarto 555 para que possamos macaquear. Estou doidinha por você." Até hoje, meu "King Kong" se lembra daquele Dia dos Namorados.

Em outra ocasião, eu estava fazendo um curso muito cansativo e, para não dormir na classe nem morrer de tédio, comecei a pensar em alguma coisa divertida e diferente para fazer. No meio da semana tive uma idéia. Antes de sair de casa para a aula, dei ao meu marido um envelope com os dizeres: "Não abra até que as crianças durmam. Contém material proibido para menores." Dentro havia um bilhete que dizia:

Querido,

A finalidade deste bilhete é dizer-lhe que o amo muito e que você é muito importante para mim. Estarei pensando em você durante toda a minha "aula chatíssima" e mal posso esperar para voltar aos seus braços.

Agora, para novas instruções, vá até sua mesa e abra a caixa que está na terceira gaveta.
Com amor da pessoa mais importante da sua vida.

Sua mulher

Em sua gaveta, ele encontrou uma caixa com os dizeres "Contém material proibido para menores". Dentro dela havia uma lista de instruções e vários itens. As instruções eram as seguintes:

1. Prepare uma atmosfera romântica e substitua as luzes brancas do nosso quarto pelas lâmpadas vermelhas anexas.

2. Borrife seu perfume favorito nos travesseiros, para criar um "aroma celestial" (meu perfume "fedorento" estava na caixa).

3. Prepare um banho de imersão quente com muita espuma para sua mulher sexy (os cristais de espuma estavam na caixa).

4. Faça a barba e prepare-se para muito amor (creme de barbear e barbeador também na caixa).

5. Deixe tudo pronto às nove horas. Assim, mesmo que a aula termine mais cedo você ainda terá bastante tempo.

6. Lembre-se — *você* é a pessoa mais importante de minha vida e EU O AMO!

Aquela noite foi excitante não apenas para meu marido, mas também para mim. Pela primeira vez eu não fiquei aborrecida na aula. Ao pensar em meu marido se preparando para minha chegada e antecipando o que iria acontecer quando eu chegasse, fiquei excitada como uma noiva. E desde o momento em que comecei a planejar aquela surpresa na semana anterior, fiquei de bom humor. A propósito, meu marido ainda guarda os bilhetes que lhe escrevi naquela noite entre seus papéis importantes.

AS NECESSIDADES DELE E AS SUAS

Uma das diferenças mais importantes que tenho constatado entre homens e mulheres é que, enquanto os homens precisam se sentir sexualmente atraentes para poderem lhe dar a satisfação emocional pela qual as mulheres anseiam, as mulheres precisam sentir-se bem emocionalmente antes que possam reagir às necessidades fisiológicas dos seus companheiros. Com isso, chegamos a um impasse. Ele requer, para reagir às suas necessidades, uma coisa completamente diferente daquilo que você requer para reagir às dele. Ou, em outras palavras, "Um homem dá amor em troca de sexo. Uma mulher dá sexo em troca de amor." Como solucionar esse dilema? A resposta está na sua capacidade de compreender que, embora a maneira dele amar seja diferente da sua, mesmo assim ele a ama.

Acho que muitos homens têm dificuldade para articular seus sentimentos. Para eles é mais fácil expressar seu amor sexualmente do que na forma verbal. Quando pesquisei um grupo de homens, a resposta da maioria à pergunta: "Qual é a ocasião mais agradável que você passa com a mulher que ama?" foi: "Quando estamos fazendo amor". As mulheres, por outro lado, dizem que ficam mais felizes quando estão abraçando, tocando, beijando ou conversando sobre algum assunto importante com seu companheiro.

Um homem precisa sentir-se amado, não suportado. Muitas mulheres executam o ato sexual como se estivessem pagando um tributo ou cumprindo uma obrigação. No *Relatório Hite sobre Sexualidade Masculina*, perguntou-se a centenas de homens: "Por que você gosta do ato sexual?" A razão psicológica ou emocional dada com maior freqüência pelos homens para gostar do ato sexual e desejá-lo foi o sentimento de ser amado e aceito que o ato lhes dava. Um homem resumiu o que sentia dizendo: "O ato sexual reafirma continuamente minha ligação íntima com minha companheira. Mostra que ela me ama. Faz-me sentir confiante. Faz com que eu me sinta desejado".

Em minhas aulas, tenho o privilégio de ouvir os homens falarem a respeito de seus sentimentos sexuais de forma mais aberta do que o fariam com a maioria das mulheres. Harold, por exemplo, mesmo depois de casado há dezoito anos, ainda se sente como um escolar quando ele e sua mulher planejam uma "escapada" para passar a noite em um motel.

"Fico tão excitado que faço qualquer coisa que ela queira no dia anterior, só para ter certeza de que ela estará disposta a fazer amor", confidenciou ele.

Bob, outro aluno, nos contou que ele e sua ex-mulher se davam bem fora do quarto, mas todas as vezes em que desejava fazer amor, ele sentia-se como se a estivesse forçando. "Sempre que eu me aproximava, ela me dava um olhar que significava 'Oh, não. Não de novo!' Aquilo me fazia tanto mal, que finalmente desisti de pedir."

Finalmente, Bob encontrou uma mulher que recebia bem seu amor e lhe devolveu a auto-estima. "Muitas vezes, ela toma a iniciativa para o sexo", disse Bob, "e assim não me sinto rejeitado, como ocorria com minha ex-mulher."

Jonathan, um homem muito tímido, nunca pensou muito em si mesmo como amante. "Betsy foi a primeira garota com quem fui para a cama; assim, não tenho como compará-la", disse ele corajosamente à classe uma noite.

"Tudo o que sei é que nunca desejei outra mulher", prosseguiu ele.

"Ela sempre me diz o quanto me deseja e que grande amante eu sou. Conheço a mulher que tenho, e não a trocaria por nenhuma outra!"

AMOR *VERSUS* INTIMIDADE FÍSICA

Sei que muitas mulheres se perguntam como pode haver sexo sem amor, mas eu lhe pergunto o seguinte: Como pode haver amor sem sexo? Lembre-se deste importante princípio: para que um homem se dê a você emocionalmente, ele precisa ter suas necessidades físicas satisfeitas — ele precisa saber que você o deseja sexualmente. Para a maioria dos homens, o sexo é a confirmação mais importante do seu amor e da importância dele. Só depois de se sentir satisfeito é que ele irá considerar as suas necessidades emocionais.

PROVOCANDO OS SENTIDOS

Às mulheres que vão tentar criar uma atmosfera romântica pela primeira vez recomendo irem devagar. Não é necessário chegar a extremos para preparar o cenário de um encontro romântico. Depois de um dia inteiro sob a luz do sol, de lâmpadas brilhantes e fluorescentes, um bom primeiro passo para a criação de uma atmosfera romântica são lâmpadas vermelhas. A iluminação com essas lâmpadas, pouco dispendiosas mas indispensáveis, fará você parecer uma deusa do sexo — magra e sem rugas. Você poderá encontrá-las na maioria das lojas de ferragens. Imagine a surpresa do seu companheiro quando ele acender o abajur e surgir uma suave luz vermelha, em vez da usual luz branca e brilhante. Se ele perguntar "O que é isso?", você poderá responder: "Eu o amo e como o vermelho é a cor do amor, eu quis encher o quarto de amor."

ILUMINE O CAMINHO PARA O ROMANCE

A luz de velas é outra forma fácil e eficaz para criar um cenário romântico. Não é por acaso que os restaurantes finos usam essa luz para criar um ambiente de intimidade. Em sua maioria, as pessoas começam imediatamente a se sentir calmas e descontraídas quando do entram em uma sala pouco iluminada.

Veja como Joan, uma de minhas alunas, usou velas para surpreender seu marido, um vendedor que viajava a negócios com freqüência. Certa vez, quando voltou de uma viagem, ele encontrou um bilhete na porta da frente da casa, que dizia: "Bem-vindo ao lar. Senti sua falta."

Ao entrar no saguão, ele viu uma fileira de velas que subiam a escada, uma em cada degrau. Quando chegou ao quarto, ele encontrou a cama inteiramente cercada de velas e sobre seu travesseiro uma rosa com um bilhetinho convidando-o a juntar-se à sua mulher num banho de espuma. Atônito, ele foi até o banheiro e viu Joan na banheira à luz de duas velas, uma de cada lado. Tudo o que ele conseguiu falar quando a viu foi: "Uau — você parece ótima e eu me sinto ótimo!" **Agora, siga a dica de Joan e, em sua lista de compras, não se esqueça de comprar lâmpadas vermelhas e velas.**

PREPARE O CENÁRIO PARA O AMOR

A música é outra boa maneira de estimular os sentidos e criar um clima especial. Somos continuamente agredidos por ruídos altos, telefones, sirenes, aviões, máquinas de escrever, crianças chorando e pessoas gritando. Como se isso não fosse suficiente para embotar os sentidos, ainda há a TV, que (de acordo com o relatório Nielsen) fica ligada cerca de sete horas por dia, em média, numa casa americana. *Desligue-a!* Ponha, em vez dela, uma música suave e *sexy*. Os gostos para música variam, mas você pode experimentar até achar a melhor para vocês dois. A música também pode ser o ponto de partida para uma noite muito especial.

Por exemplo, Sharon surpreendeu seu namorado uma noite com um "jantar tipicamente chinês". Naquele dia ele recebeu no escritório uma caixa contendo um quimono, um par de chinelos e um bilhete de Sharon dizendo: "Estou preparando para esta noite um maravilhoso jantar chinês e espero que você compareça. Aqui está tudo o que você precisa para estar corretamente vestido." Depois ele contou a Sharon que mal conseguiu se concentrar no trabalho só de pensar na noite que tinha pela frente. Quando ele chegou ao apartamento dela, foi envolvido por uma música oriental maravilhosamente suave, que lhe deu uma sensação instantânea de aventura. Sharon sabia como era importante eliminar as perturbações da vida diária e criou uma atmosfera de romance com imaginação e música. Você também pode criar uma "noite típica". Aqui estão algumas sugestões:

* *Noite havaiana* — completa, com *luau* para dois, robe, chinelos, vários colares de flores para ele e música típica.

* *Uma noite na Espanha* — música flamenca, uma mantilha para seus cabelos e um bilhete muito sugestivo em espanhol, acompanhado de um dicionário para que ele possa traduzi-lo.

* *Festa marroquina* — música marroquina, um véu para você e um albornoz(uma manto de lã com capuz, usado pelos árabes)para ele, e nada de talheres. Colocar comida na boca um do outro com as próprias mãos pode ser muito sensual.

* *Férias venezianas* — toalha de mesa em xadrez vermelho, velas em garrafas de vinho, Pavarotti e macarrão transformam qualquer homem em um *latin lover*.

82

* *Piquenique grego* — carneiro no espeto, togas e música de *Zorba, o Grego* conduzem a uma sobremesa de doces folheados com mel (você pode lamber o mel dos dedos dele).

* *Festa japonesa do chá* — Seja tímida e sedutora com um quimono e sandálias, enquanto cumpre o antigo ritual da cerimônia do chá. Não se esqueça de ocultar seu sorriso por trás de um leque, deixando que seus olhos falem por você.

* *Safári africano* — crie um cenário de selva, dê-lhe uma jaqueta cáqui e um capacete de cortiça e chame-o de "grande e bravo caçador".

* *Um fim-de-semana no gelo* — roupas apropriadas para esquiar, obstáculos "quentes" e perigosos, ambos devem tomar um banho quente, colocarem uma manta e ficarem em frente à lareira num clima bem romântico.

SEJA A FANTASIA DELE

Outra maneira de criar um sentimento romântico é o estímulo visual. Tendo em mente que os homens são muito estimulados por aquilo que vêem, compre para você uma roupa visualmente atraente e diferente daquelas que usa normalmente. Peça ao seu companheiro para acompanhá-la na compra de uma roupa com a qual ele gostaria de vê-la. Vocês podem ter um dia maravilhoso procurando juntos uma camisola que o deixe excitado, e mesmo o homem mais econômico não fará economia se for solicitado a comprar aquilo que o agrada.

Para a maioria dos homens, um concurso de camisetas molhadas é excitante. Crie um em sua casa, só para ele. Compre várias camisetas, vista-as molhadas e veja de qual ele gosta mais.

POR FAVOR, NADA DE DESCULPAS

Começou a captar o espírito da coisa? Você precisa se esforçar para que ele perceba que você que fez tudo isso para ele — não para os vizinhos, os amigos ou os filhos — só para ele, porque ele é a pessoa mais importante da sua vida. Tenha em mente, ao planejar o dia ou a noite que irão passar juntos, que você está criando uma lembrança que viverá para sempre. *A variedade de coisas que você pode fazer para criar uma lembrança romântica é infinita.* Basta começar a pensar. As mulheres que trabalham fora de casa dizem-me que não têm tempo para isso e aquelas que são donas-de-casa em tempo integral costumam usar os filhos como desculpa. Bem, não estou dizendo para você fazer isso todas as noites. Que tal uma vez a cada três meses? Seu relacionamento não vale um esforço extra quatro vezes por ano? Os problemas sexuais que levam alguns casais a buscar um terapeuta sexual são, quase sempre, *sintomas* de um relacionamento que se desgastou, em vez de problemas realmente sexuais. Esforçar-se para fazer algo inesquecível, pode fazer muito para evitar esses problemas.

Gosto de contar uma história particularmente comovente, a respeito de uma mulher chamada Dee que se queixava de que todas as noites seu marido chegava do trabalho e insistia em ter o jantar servido em seu quarto, enquanto ele via TV.

Quando perguntei a Dee se alguma vez seu marido havia chegado e encontrado um jantar à luz de velas e sua mulher vestida de modo sedutor, ela riu com ironia. "Está brincando? Tenho quatro filhos com menos de doze anos e trabalho fora o dia inteiro!"

Minha resposta foi: "E você gostaria de ter quatro filhos pequenos, trabalhar o dia inteiro e NÃO TER MARIDO? Porque é isso que você terá se as coisas continuarem como estão."

Com alguma dificuldade, convenci Dee a propor a algumas vizinhas para que cuidassem de seus filhos por uma noite, em troca do mesmo favor em outra noite. Todas elas acharam ótimo e Dee começou a planejar uma noite especial para ela e Ned, seu marido, sem lhe contar nada.

Quando ele chegou à sua casa naquela noite especial, quase desmaiou com o choque. Aquela era a casa certa? Quem era aquela mulher sensacional? Que perfume maravilhoso era aquele? De onde vinha aquela música linda? Ele ficou absolutamente pasmado com a noite mágica planejada por Dee. Eles fizeram amor a noite inteira e Ned, a quem Dee nunca vira chorar, chorou em seus braços enquanto lhe contava a falta que sentia dela como sua amante.

Reserve tempo para parar e sentir o perfume das rosas. Reserve tempo para fazer algo imprevisível. Reserve tempo para fazer

84

algo fora do comum. Dê um pequeno passo para romper completamente com a rotina de sua vida!

DIGA COM BOLAS DE ANIVERSÁRIO

Outra maneira ótima de enviar uma mensagem poderosa é com bolas de aniversário. Foi o que fez Denise. Uma noite, enquanto seu namorado dormia, ela mandou fazer um jogo extra de chaves do carro dele. No dia seguinte, enquanto ele estava trabalhando, Denise entrou no estacionamento da empresa dele e estacionou perto do seu carro. Então, usando uma bomba de ar, ela encheu dúzias de bolas, cada uma delas com uma mensagem diferente, dizendo ao namorado por que ele era tão especial.

Enquanto isso, formou-se uma multidão de curiosos. Alguns até começaram a ajudá-la, um homem dando nós nas bolas e uma mulher ajudando Denise a encher de bolas o carro do namorado. Quando ela terminou, o carro estava totalmente coberto de bolas.

Como toque final, Denise colou com fita adesiva uma grande agulha a um bilhete e colocou-a no pára-brisas. O bilhete dizia: "A única maneira de você entrar no carro é estourando cada bola e lendo a mensagem que ela contém, que lhe diz por que você é o homem mais incrível que já conheci."

Um dos espectadores comentou: "Espero que seu namorado saiba como é sortudo por ter uma namorada como você!" A inveja estava evidente no rosto de todos. O namorado ficou tão emocionado com o gesto de Denise que naquela noite foi vê-la com flores e doces — e lágrimas nos olhos. Denise fez algo que viverá para sempre na lembrança dele. Você acha que ele deixará que essa mulher lhe escape? Denise também entrou para as fileiras das mulheres que criaram momentos inesquecíveis.

ENSINE-ME HOJE À NOITE

Você provavelmente está se perguntando por que a responsabilidade pelo romance cai sobre seus ombros. "Por que é sempre a mulher?" A resposta é porque os homens, em sua maioria, nunca aprenderam a ser românticos: eles precisam ser ensinados. Os homens estão acostumados a operar com o lado lógico do cérebro. São as mulheres que compram novelas românticas e lêem histórias de amor. Quando leio um romance, meu marido se interessa somente pelas "partes boas" e, em matéria de cinema, ele prefere *Rambo* a *Love Story*. As revistas femininas trazem conselhos intermináveis sobre como ser romântica, *sexy* e atraente; mas diga, quando foi a última vez em que você viu em uma revista masculina um artigo sobre como ser um amante mais romântico? E é muito provável que seu companheiro não tenha aprendido nada a respeito de romance com os pais dele. Portanto, se ele não lê nada a esse respeito, não vê filmes românticos, nem cresceu numa atmosfera onde predominasse o romance, como poderá aprender se você não lhe ensinar?

Os homens que são românticos atribuem isso a uma mulher que teve um papel importante em suas vidas. Alguns tiveram a sorte de aprender a ser românticos com suas mães, que lhes ensinaram como as mulheres gostam de ser tratadas e o que as atrai. Outros apréderam com suas irmãs. E alguns foram abandonados por suas mulheres por não serem suficientemente românticos e agora estão tentando agir de forma diferente.

UM CASO AMOROSO REQUER HABILIDADE

Manter um caso amoroso depende de uma habilidade que precisa ser ensinada. Ficar apaixonado é algo que pode simplesmente acontecer, mas ter um relacionamento amoroso é outra coisa, pois este requer estímulo, habilidade e conhecimento. Você pode induzir isto "dizendo" ou "mostrando". Em minha opinião, induzir através de exemplos é a melhor maneira para se ensinar a outra pessoa como ser romântica. Não espere que ele incite o romance. Tome a iniciativa e mostre-lhe a ele como é maravilhoso e excitante ser coberto de afeição e atenção. Depois você poderá pedir que ele tente fazer o mesmo.

Lembre-se de que ele precisa sentir-se totalmente seguro antes de tentar algo que lhe é estranho. Você pode convencê-lo delicadamente a usar o potencial criativo dele, servindo como exemplo, em vez de fazer exigências. Se ele se sentir seguro, provavelmente reagirá de modo favorável à sua solicitação de preparar uma surpresa para você e estará disposto a dar o primeiro passo — tentar fazer algo que nunca fez antes — e é provável que isso lhe agrade.

REI POR UM DIA

Foi isso que fez Wendy, uma de minhas alunas, para iniciar seu namorado na fina arte do romance. Ela comprou uma coroa e colocou-a sobre a cama dele com um bilhete que dizia: "Esta coroa significa que você é meu rei e no sábado você será coroado "Rei por um Dia" e esse dia será inteiramente dedicado ao seu prazer."

O sábado começou com Wendy servindo-lhe o café na cama, seguido por uma massagem e por um sensual banho para dois. Ela havia preparado uma cesta e eles foram fazer um piquenique num parque próximo. Enquanto seu namorado cochilava, Wendy retirou-se em silêncio e foi apanhada por uma amiga em um ponto previamente combinado.

Quando o namorado acordou, encontrou um bilhete com instruções para que se preparasse para uma noite de encantamento. "Para isso", dizia o bilhete, "vá até a loja de vídeo do Jack, onde há um pacote para você."

E lá se foi ele apanhar o primeiro de uma série de pacotes e bilhetes deixados por Wendy. Na loja de vídeo ele recebeu uma fita proibida para menores com um bilhete dizendo: "Este filme não é nada comparado com a noite 'proibida' que você e eu teremos. Vá à loja da Sheila para outras instruções."

Na loja da Sheila havia outro pacote à espera dele, junto com um bilhete, que dizia: "Sei o quanto você gosta da cor preta; portanto, dentro desta caixa há uma coisa que é macia, sedosa, colante, pequena e preta."

A parada seguinte foi uma loja de bebidas, onde havia várias garrafas de vinho esperando por ele com outro bilhete: "Hoje teremos nossa festa particular de degustação de vinhos."

A última parada foi uma perfumaria, onde ele recebeu um pacote contendo meia dúzia de amostras de perfumes e outro bilhete, que dizia: "Hoje faremos um teste particular de perfumes. Passarei estes perfumes em partes estratégicas do meu corpo e você terá que associar o perfume no meu corpo ao frasco certo."

Àquela altura, o namorado de Wendy mal podia se conter. Quando ele chegou em casa, o apartamento estava suavemente iluminado com velas e luzes vermelhas e uma música romântica pairava no ar. Sobre a cama havia uma sunga e um último bilhete, que dizia: "Por favor, vista esta sunga. Quero ver o máximo possível do seu esplêndido corpo."

Que dia maravilhoso ele teve. Mais tarde, quando estava em seus braços, Wendy perguntou se um dia ela poderia ser "Rainha por um Dia". É claro que ele respondeu que sim, enquanto a cobria de beijos.

Wendy foi esperta. Em vez de ter uma longa conversa intelectual a respeito de como o namorado não estava satisfazendo suas necessidades, ela deu o exemplo. Você precisa mostrar ao seu homem como fazê-la feliz e fazê-lo saber como é bom sentir-se o centro das atenções.

Para as mulheres cuja imaginação pode estar um pouco enferrujada pela falta de prática, providenciei uma lista de cinqüenta maneiras infalíveis para manter o desejo dele sempre vivo. Ao ler a lista, você selecionará automaticamente as atividades que a deixariam mais à vontade. ELIMINE-AS!

Quero que você escolha aquelas com as quais se sente menos à vontade. Quero que você se exceda — que vá além dos seus limites normais. Surpreenda seu companheiro. Ou melhor, CHOQUE-O!!! E não se esqueça de se divertir.

CINQÜENTA MANEIRAS DE MANTER O DESEJO DELE SEMPRE VIVO

1. Mande-o fazer uma "caçada de amor".

Este é um jogo semelhante à antiga caça ao tesouro, onde há instruções à espera em cada ponto. Você poderá fazer as instruções em linguagem cifrada, para forçá-lo a usar a imaginação e decifrar as pistas.

Envie ao seu companheiro um bilhete explicando as regras e dizendo que se ele seguir precisamente as instruções, será recompensado! Envie-o a vários lugares diferentes; em cada um, ele apanhará um item que você comprou e que está à espera dele com instruções adicionais. Eis alguns lugares aos quais você poderá enviá-lo:

* Loja de bebidas — onde o espera uma garrafa de bom champanhe com o nome dele.
* Florista — onde ele apanha um buquê de flores.
* Loja de artigos para festas — onde ele recebe uma dúzia de bolas de aniversário com os dizeres "Eu te amo".
* Loja de discos — onde ele ganha sua fita favorita.
* Seu restaurante favorito — onde ele encontra você à espera dele.

Depois do jantar, diga a ele que precisa ir ao toalete. Ao sair, passe-lhe discretamente um bilhete dizendo: "Depois deste jantar adorável, achei que seria ótimo comermos a sobremesa no hotel _____.

Espere dez minutos e saia. Estarei à sua espera no quarto _____."

2. Planeje uma festa surpresa de meio-aniversário.

Convide todos os amigos dele para comemorar os trinta e um e meio anos dele, ou cinqüenta e um e meio, seja lá o que for. Será uma surpresa muito maior do que uma festa de aniversário.

3. Faça uma sessão de fotos com seu cmpanheiro.

Diga-lhe que sua aparência é melhor que a da maioria dos modelos masculinos e que você quer ter algumas fotos boas dele para guardar. Faça-o posar de terno com uma maleta; de *jeans*, chapéu de *cowboy* e botas; de pijamas; com uma cueca ousada; e, se você tiver uma Polaroid, nu em pêlo.

4. Faça as unhas dele.

Prepare tudo antecipadamente — esmalte transparente, alicates, água morna, loção para as mãos.

Diga-lhe que suas mãos são fortes e poderosas e necessitam de cuidados especiais. Massageie as mãos dele antes de lhe fazer as unhas.

5. Entretenha-o no banheiro.
Coloque muitas velas no banheiro. Prepare um banho de espuma. Sirva duas taças de champanhe para brindar o esquecimento dos problemas do dia. Entre na banheira e peça ao seu companheiro: "Querido, esqueci a toalha. Você pode pegar uma para mim?" (Aposto que ele não levará mais de dez segundos para se juntar a você na banheira.)

6. Esqueça sua roupa de baixo.
Pouco antes de entrar no restaurante ou na casa de amigos, diga-lhe que se esqueceu de vestir as calcinhas.

7. Amarre-o.
Use echarpes de seda para amarrar (frouxamente) as mãos e pés dele aos cantos da cama. Se não for possível na cama, use uma poltrona. Excite-o muito tempo, antes de finalmente fazer amor.

8. Diga com adesivos.
Use etiquetas auto-adesivas para deixar bilhetes para ele em lugares inesperados, de modo que ele os encontre ao se aprontar para sair pela manhã.
Coloque o primeiro na parte de baixo do assento do vaso sanitário, para que, ao levantá-lo, ele veja um bilhete dizendo: "Cuide bem da minha parte favorita do seu corpo". Coloque um bilhete no espelho do banheiro para que ele o leia ao se barbear, dizendo o quanto ama o rosto dele. Deixe mensagens na torradeira, no pacote de leite, na maleta dele, no painel do carro — todos dizendo o quanto você o acha maravilhoso.

9. Encha a cama de pétalas de rosas.
Diga-lhe que a vida com ele é um mar de rosas, enquanto faz amor com ele.

10. Faça propaganda.
Coloque um anúncio na seção pessoal do jornal local, para que todos saibam o quanto você o ama e como ele é maravilhoso. Inclua no anúncio uma lista das qualidades mais notáveis dele.

11. Faça um passeio de limousine.

Alugue o filme *Sem Saída* e veja-o com ele. Na semana seguinte, alugue uma limousine e reproduza a cena do filme que se passa numa limousine.

12. Leve-o a um jogo.

Surpreenda-o com entradas para seu evento esportivo favorito — e vá junto!

13. Seqüestre-o.

Faça antes os arranjos necessários onde ele trabalha. Depois, entre sem ser anunciada e aponte-lhe um revólver de brinquedo enquanto lhe coloca algemas também de brinquedo. Leve-o para um "prazer vespertino".

14. Faça-o com estilo.

Seja a cabeleireira pessoal dele. Use um avental curto, com cinta-liga e meias por baixo e receba-o como se fosse um novo cliente. Esfregue-se nele de forma sugestiva enquanto aplica xampu, lava seus cabelos e usa o secador. Diga-lhe coisas como "Desde que o vi, fiquei fantasiando passar meus dedos pelos seus cabelos".

15. Use suas mãos.

Prepare um jantar elaborado e sirva-o sem talheres. Diga-lhe que vocês terão que se alimentar um ao outro com as mãos.

Esteja preparada para experimentar de tudo — de um retorno à alegria do dia do seu casamento, quando um serviu ao outro uma fatia de bolo... a muitas risadas... a um sensual lamber de dedos.

16. Dê-lhe um telefonema.

Ligue para ele no trabalho e diga que o ama. Diga-lhe o que irá fazer para ele à noite, quando ele voltar do trabalho. Seja ousada!

17. Jogue bola.

Se ele jogou futebol quando estudante, faça amor com ele no campo de futebol. Se ele jogou basquete, faça no ginásio. Se ele apenas assistia às partidas, faça nas arquibancadas!

18. Dê-lhe um presente.
Você mesma — vestida somente com laços de fita.

19. Tome o trem.
Faça uma viagem em cabine privativa e deixe-se levar.

20. Planeje uma saída de uma noite.
Consiga alguém para ficar com as crianças e espere seu companheiro na porta da frente com uma mala; quando ele chegar, diga-lhe que vocês vão "fugir de casa".

21. Brinque de Velho Oeste.
Deixe um chapéu de *cowboy* no carro dele, ou envie um ao seu local de trabalho. Prenda nele um bilhete dizendo para ele se encontrar com você naquela noite em determinado motel. Termine com algo como "Volte hoje para a sela, *cowboy*".

22. Faça uma festa da soneca.
Coloque um saco de dormir para dois diante da lareira, com uma garrafa de vinho e uma tigela de pipocas. Troquem segredos, como suas fantasias favoritas.

23. Faça uma noite perfumada.
Descubra o romance dos aromas. Junte uma porção de amostras de perfumes. Passe um pouquinho de cada em partes diferentes do corpo e faça seu companheiro identificá-los com os frascos.

24. Dê uma caminhada sob a chuva.
Vista sua capa e suas galochas — e nada mais. Quando for possível, mostre ao seu companheiro que está nua sob a capa.

25. Desligue a TV.
Envie sua camisola, borrifada com o perfume favorito dele, ao local de trabalho dele. Acrescente um bilhete dizendo: "Esta noite vou desligar a TV e ligar você!"

26. Imortalize-o.

Faça um álbum de recortes para seu companheiro, intitulado "Esta é a Sua Vida". Dedique-o a "um homem muito especial". Comece com uma foto dele quando era bebê e conte sua história com fotos, prêmios que recebeu, recortes de notícias, fotos dele com o uniforme da equipe de futebol da escola, homenagens recebidas no trabalho — tudo aquilo que tiver importância especial. Deixe-o na mesa de centro da sala para que todos os seus convidados o vejam.

27. Ligue-o.

Ligue para seu companheiro no trabalho e sugira uma noite especial. Diga-lhe para vir logo para casa — você estará à sua espera. Receba-o na porta, com sininhos em seus pulsos e tornozelos — e mais nada!

28. Dê-lhe bolas de aniversário.

Encha o carro dele com bolas de aniversário cheias de bilhetes dizendo as muitas maneiras pelas quais o ama. Cole uma agulha a um bilhete e coloque-o no pára-brisas, dizendo que ele terá que estourar todas as bolas e ler todos os bilhetes antes de poder entrar no carro.

29. Mande um presente inesperado para o escritório dele.

Surpreenda-o com flores, doces, bolas — ou mesmo jóias.

30. Seja sutil.

Faça uma grande bandeira com os dizeres SANDY AMA AL e pendure-a na porta da garagem, ou em algum local pelo qual ele passe regularmente.

31. Leve-o para um passeio de barco.

32. Escreva "Eu o amo" no céu.

Contrate um piloto para escrever sua mensagem no céu. Planeje uma caminhada na praia ou em campo aberto para a hora marcada. Diga-lhe que queria que o mundo inteiro soubesse o quanto ele é especial.

33. Faça uma homenagem com música.

No dia do aniversário dele, contrate a banda da escola local para marchar pela sua rua tocando "Parabéns a Você".

34. Transporte-o para um ambiente de cabaré.

Substitua as lâmpadas brancas do seu quarto por lâmpadas vermelhas para criar uma atmosfera romântica.

35. Desafie-o para um jogo de cartas.

Um jogo de *strip poker*, é claro.

36. Sirva-lhe o café na cama.

Invista numa bela bandeja. Arrume-a com uma toalha de linho, porcelana, cristais e pratas. Coloque uma rosa com um bilhete prometendo amor à tarde.

37. Faça uma caminhada ao luar.

Façam juntos um pedido a uma estrela cadente.

38. Brinque de Papai Noel.

Perto do Natal, vista-se de Papai Noel com uma camisola *sexy* vermelha e branca. Pergunte se ele foi um menino bom ou mau, e diga que Papai Noel tem um presente especial para "maus meninos". Encoraje-o a contar as coisas proibidas que ele quer ganhar no Natal.

39. Festeje o "Dias das Bruxas", brincando de "gostosuras ou travessuras".

Na noite de Halloween, vista uma máscara e uma capa, sem nada por baixo. Toque a campainha num momento inesperado e, quando ele atender, diga "Gostosuras ou travessuras" e abra a capa.

40. Seja o coelho da Páscoa.

Na Páscoa, coloque orelhas de coelho e vista um pijama de malha daqueles que têm pés. Encha uma cesta com guloseimas, creme de massagem, champanhe e, é claro, chocolates, de preferência afrodisíacos.

41. Vá ver estrelas.

Na próxima vez em que estiver prevista uma chuva de meteoros, planeje passar a noite deitada num cobertor ao ar livre. Encontre um local discreto, abra o champanhe, deite-se e fique observando as estrelas. Deixe que a natureza siga seu curso natural.

42. Seja Jane para seu Tarzan.

Arranje algumas plantas tropicais e decore seu quarto como uma selva. Dê-lhe uma tanga e vista um biquíni de pele de leopardo. Sirva uma tigela de frutas. Dê-lhe as uvas na boca, uma a uma, enquanto ao fundo soam os tambores da selva.

43. Seja criada por um dia.

Num sábado em que estiver programada a limpeza da casa, deixe as crianças com alguém.

Alugue um uniforme de criada com uma saia bem curta e use-o com uma cinta-liga e meias, além de saltos bem altos.

Diga ao seu companheiro que contratou uma criada francesa e comece a limpar a casa de forma sedutora. Pergunte-lhe, com sotaque francês, "Do que o senhor gosta?"

44. Seja uma loira (ou ruiva).

Envie ao seu marido um bilhete *sexy* e assine "Sua admiradora secreta".

Marque um encontro com ele num bar ou restaurante próximo. Diga-lhe para procurar a loira com uma rosa vermelha.

Se você for morena, consiga uma peruca loira e vista-se de forma diversa da habitual. Se você for do tipo conservador, use uma saia de couro.

Se você for loira, use uma peruca ruiva. A idéia é sair completamente fora do seu padrão. Se você normalmente usa minis-saias, vista-se de forma conservadora e coloque óculos.

Lembre-se, seu objetivo é chocá-lo e fazer com que ele se sinta como se estivesse com uma mulher completamente diferente.

45. "Enquanto seu lobo não vem."

Alugue uma cabana escondida no bosque, sem TV, telefone ou rádio. Conversem e se familiarizem novamente um com o outro.

46. Vá a um lugar suspeito.
Reserve um quarto em um motel suspeito. Permita-se agir como uma "depravada".

47. Trate-o como um rei.
Faça-o "Rei por um Dia". Atenda a todos os seus caprichos e surpreenda-o com prazeres especiais.

48. Faça-lhe uma massagem.
Compre um livro que ensine a fazer massagens. Use um bom creme de massagem e passe pelo menos uma hora massageando-o. Deixe o melhor para o fim.

49. Represente um personagem.
Planeje uma noite teatral para dois. Vá a uma loja de fantasias e alugue roupas para ambos. Você pode ser Scarlett O'Hara e ele Rhett Butler, ou você Josefina e ele Napoleão.

Qualquer que seja o personagem, aja como tal e passe a noite seduzindo-o.

50. Flutue.
Alugue um veleiro para uma noite. Providencie um bom jantar e balance ao compasso do mar.

Um ótimo complemento para qualquer uma das idéias acima é um romântico jogo de tabuleiro que venho recomendando nos últimos oito anos, chamado *A Noite Encantada*. É amor, divertimento e romance em uma caixa. Cada jogador escreve um desejo secreto que pode ser revelado a seu parceiro. Os jogadores se movem ao redor da mesa e escolhem cartas que encorajam respostas positivas e gentis toques sensuais. O vencedor tem seu desejo satisfeito, mas na verdade ambos vencem. Para maiores informações sobre o jogo, envie um envelope endereçado a: L.H.F. Enterprises, P.O. Box 1511, El Toro, California 92630.

Aí estão cinqüenta maneiras de manter o desejo dele ardente. Essa lista foi compilada a partir de sugestões feitas por mulheres que experimentaram a alegria, o prazer e o poder de ser mulher. Use seu poder de mulher para fazer do seu homem motivo de inveja a todos os amigos e colegas de trabalho.

ATIVIDADE Nº 4

Em outra ficha, escreva:

Encontrarei regularmente maneiras criativas para demonstrar ao meu companheiro o quanto eu quero ter um caso de amor com ele.

SEIS

Nunca Adie a Felicidade

As mulheres que participam de meu curso algumas vezes ficam surpresas ao saber que ser uma boa companheira é muito mais do que fazer elogios ao seu homem e usar uma camisola *sexy*. Ser uma boa companheira também significa assumir a responsabilidade pela sua própria felicidade, um desafio que muitas das minhas alunas aceitaram — algumas com hesitação e medo, outras com entusiasmo e alegria. Que eu saiba, nenhuma das mulheres que aceitaram o desafio teve motivos para se arrepender.

Falei recentemente com uma ex-aluna chamada Janice, que freqüentou meu curso há mais de seis anos. Ela contou que só se conscientizou de que não sabia quem era realmente, nem o que a fazia feliz, depois de ter iniciado o curso. Janice disse: "É difícil admitir, mas eu era uma dessas mulheres que só pensava em si mesma como irmã de alguém, mãe de alguém e mulher de alguém. Eu me definia por meio de outras pessoas."

Janice prosseguiu, contando que depois de fazer meu curso ela havia voltado a estudar e conseguido seu diploma de professora. Hoje ela leciona economia doméstica no segundo grau.

Ela me contou com orgulho sobre o apoio que recebeu do marido e da família enquanto estudava para tirar seu diploma e sobre o presente que Martin, seu marido, lhe dera na formatura.

"O troféu que ele me deu é um dos meus maiores tesouros", disse Janice.

Ela leu a inscrição, que dizia: "À minha mulher, que sempre foi uma mulher importante e inteligente − só que agora ela sabe disso!"

Algumas mulheres podem achar que seu companheiro é responsável pela felicidade delas. Bem, ele não é! Cada uma de nós é responsável pela sua própria felicidade e quem ficar sentada esperando que alguém a faça feliz ficará muito desapontada e insatisfeita. Como sabe qualquer mãe, ficar com crianças pequenas vinte e quatro horas por dia é fisicamente exaustivo e entorpece a mente. Quando meus filhos eram muito pequenos, eu esperava, como muitas mães, que meu estímulo mental viesse do meu marido. Todos os dias eu aguardava ansiosamente que ele voltasse do trabalho, esperando que ele me contasse o seu dia. Infelizmente, o homem que passava pela porta no final do dia estava se sentindo ainda mais miserável e frustrado do que eu. Ele estava fisicamente exausto, mentalmente esgotado e tinha muito pouco a dar. O resultado era um impasse. Ele esperava que eu o fizesse feliz, e eu esperava que ele me distraísse. Eram expectativas demais!

Eu não percebi isso na ocasião, mas pelo fato de estar sempre adiando a felicidade para algum momento futuro, dizendo: "Quando meu marido chegar, ficarei feliz", eu pertencia ao clube do "Se". Se alguma das afirmações abaixo lhe for familiar, você também pode ser membro do clube:

Se eu perdesse cinco quilos, seria feliz.

Se eu tivesse mais dinheiro, seria feliz.

Se eu tivesse um filho, seria feliz.

Se eu tivesse uma casa maior, seria feliz.

Se eu fosse mais bonita, seria feliz.

Se eu *participasse mais do sonho dele* (ou talento, inteligência, capacidade), seria feliz.

Se você é membro do clube do "se", está roubando de si mesma a única coisa que realmente possui − o presente! Quando vivemos em função de hipóteses, ou focalizamos demais o futuro, roubamos de nós mesmas o agora!

VIVA AQUI E AGORA

Você que está lendo este livro pode já ter experimentado mudanças em seu relacionamento. Ao receber novas informações, você agiu. Você compreendeu as sugestões para que mudasse e melhorasse, e colocou-as em prática.

Por outro lado, você pode ter adiado a execução das tarefas por uma razão qualquer. Talvez você tenha dito a si mesma que naquele momento estava muito ocupada, cansada, confusa, adoentada ou gorda. E disse que iria tentar essas idéias na próxima semana, no próximo mês, no próximo ano!

A próxima semana, mês ou ano podem nunca chegar.

O momento para começar a ter um caso de amor com seu companheiro é agora. O momento para comprar aquele belo vestido é agora. O momento para fazer aquele telefonema e dizer "Eu te amo" é agora. O momento para assumir o controle da sua vida e da sua felicidade é agora.

Não faça como Arlene, uma aluna minha com quase trinta anos. Em vez de se concentrar no presente e tornar importante cada dia com seu companheiro, Arlene sempre estava preocupada com o futuro e perguntava constantemente a ele quando iriam se casar. Não precisei de uma bola de cristal para saber que ela não teria futuro com ele se continuasse a aborrecê-lo com aquilo.

Aconselhei-a a focalizar o presente, tornando cada fim-de-semana que eles passavam juntos tão íntimo e satisfatório quanto possível, para que ele quisesse estar com ela no fim-de-semana seguinte. Com o tempo, seu namorado não iria querer mais viver sem ela; concentrando-se no agora, Arlene estaria assegurando seu futuro com ele e, mais importante, tornando o agora dos dois muito melhor. A verdade é que ninguém tem uma bola de cristal e a vida não tem garantias.

Uma noite, quando terminei de contar essa história em classe, uma mulher chamada Melinda levantou-se lentamente e, com lágrimas nos olhos, pediu a atenção da classe. "Gostaria de ter sabido disso antes", disse ela.

"Na semana passada eu tive o maior choque da vida. Meu marido, sem nenhum aviso prévio, anunciou que ia viver com sua secretária, arrumou suas malas e se foi."

Melinda estava arrasada. Ela havia realmente acreditado que seu casamento iria durar para sempre. "Eu ficava dizendo a mim mesma que depois que as crianças crescessem, nós conseguiríamos passar mais tempo juntos. Deixei meu relacionamento para depois e como me arrependo!",concluiu ela tristemente.

Sei de muitos exemplos de mulheres que adiaram a felicidade e se arrependeram. Foi o caso de Heidi, que permaneceu em um trabalho que detestava, esperando ser promovida a uma posição melhor. Depois que ela havia agüentado dois anos, aguardando a prometida promoção, a empresa faliu e ela ficou desempregada.

Norma era muito ocupada e estava sempre adiando a visita à sua avó para quando tivesse tempo bastante para uma visita prolongada. Ela sabia que as duas tinham muito o que conversar e queria ter a certeza de que não se apressariam. Quando sua avó morreu de repente, era tarde demais. Nunca havia ocorrido a Norma que sua avó, que era forte, não viveria para sempre.

Não cometa o mesmo erro dessas mulheres. Comece agora — não amanhã, nem na próxima semana, mas hoje — a aproveitar cada momento e a tornar este dia importante! Lembre-se, o passado já se foi e o amanhã pode nunca vir. Hoje é tudo o que temos.

Kathryn inscreveu-se no curso, esperando tomar uma decisão com respeito ao casamento. Ela já estava apaixonada por Jay havia quase três anos e não podia imaginar a vida sem ele, mas hesitava em assumir o compromisso de um casamento. Como seus pais tinham se divorciado quando ela estava com quatorze anos, e muitas das suas amigas também eram divorciadas, Kathryn temia que seu casamento também acabasse em divórcio. "E se nos casarmos e não der certo?" preocupava-se ela.

"E se vocês se casarem e estiverem felizes e um dos dois morrer em um acidente?" perguntei eu.

"E se vocês se casarem e estiverem felizes e um grande terremoto fizer a Califórnia afundar no oceano Pacífico?", ironizei.

Kathryn compreendeu a mensagem. Ela estava apaixonada naquele momento, como nos últimos três anos. Não fazia sentido brincar de "E se". Ela compreendeu que não temos controle sobre aquilo que acontecerá no futuro. Não há garantias. Existe apenas o presente.

Muitas mulheres adiam a felicidade por uma ou outra razão. Conheço mulheres grávidas que mal podem esperar que seus filhos nasçam. Não deixe de sentir o milagre que está crescendo dentro de você por causa de um evento futuro; aproveite cada momento da sua gravidez. Conheço mulheres que mal podem esperar que seus filhos cresçam. Desfrute seus filhos agora e em cada etapa da vida deles. O tempo já passa muito depressa — não o apresse. As mulheres que têm filhos crescidos podem lhe contar que os anos voaram e as crianças cresceram num piscar de olhos! Conheço mulheres que evitam o casamento com medo de que suas paixões não durem para sempre. Não adie sua vida ao lado de quem você ama por causa daquilo que poderá acontecer daqui a dez anos!

SABOREIE O MOMENTO

Costumo ler para minhas classes um livro de Shel Silverstein, intitulado *The Missing Piece*. Apesar de ser um livro infantil, ele contém uma mensagem universal. É a história de um círculo ao qual falta uma parte. Ele procura e procura essa parte, assim como a maioria de nós está sempre em busca "daquilo" que nos falta para conseguirmos felicidade plena. Quando o círculo finalmente encontra a parte que lhe falta, ele se dá conta de que a busca foi mais importante e estimulante que o resultado final. Como o círculo aprendeu, o que realmente conta na vida é cada momento da nossa jornada — e não nosso destino final.

John Lennon disse: "Vida é aquilo que está acontecendo enquanto você está fazendo outros planos."

Sempre que me sinto flutuando de volta ao passado ou sonhando com o futuro, digo a mim mesma: "Ellen, viva aqui, *agora!*" Isso significa que, quando estou no cabeleireiro e estão lavando meus cabelos, eu me concentro na experiência — a sensação maravilhosa de ter alguém massageando meu couro cabeludo — em vez de me preocupar com os telefonemas que precisarei dar quando sair.

A vida é feita de milhões de momentos, e quando um se vai, é para sempre. Precisamos desfrutar os momentos quando eles acontecem.

Este ponto foi deixado particularmente claro por uma das minhas alunas mais idosas. Mabel, uma mulher com mais de setenta anos, contou à classe que havia passado a maior parte da sua vida preocupando-se a respeito de coisas que nunca aconteceram. Ela disse que o tempo todo em que seu marido estava servindo na guerra, ela tinha medo que ele fosse ferido ou morto.

"Cada vez que o telefone tocava, eu ficava paralisada de medo", disse Mabel. "Eu tinha certeza de que era uma má notícia."

"Eu tinha medo de sair de casa, porque poderia deixar de receber um telefonema informando que ele estava ferido e precisava de mim", prosseguiu ela.

Afinal, seu marido retornou ileso da guerra e Mabel começou a se preocupar com outras coisas. Fazendo um retrospecto, ela disse que compreendia que todas as suas preocupações foram um desperdício de energia que poderia ter sido usada em atividades produtivas. Hoje ela diz que deveria ter usado o tempo em que seu marido estava no exterior para estudar e aprender alguma coisa útil. "De algum modo, eu acreditava que minha preocupação poderia influenciar os acontecimentos. Hoje eu sei que não", concluiu ela.

Lucille, uma aluna de setenta e dois anos, confessou que havia passado a maior parte da vida se preocupando com problemas que existiam apenas em sua cabeça. Ela pensava "e se" muitas vezes:

"E se houver uma guerra nuclear?"

"E se as crianças abandonarem os estudos?"

"E se meu marido adoecer e não puder cuidar de nós?"

"Nada daquilo aconteceu", disse Lucille. "Não tínhamos por que nos preocupar", acrescentou. Seu conselho à classe foi: "Cuide daquilo que você tem hoje e deixe o amanhã cuidar de si mesmo".

A maior parte das coisas com as quais nos preocupamos é banal. É importante dar o peso certo a cada fato, em relação às nossas vidas. Uma boa regra prática é analisar aquilo que a está preocupando. É alguma coisa que terá importância daqui a dez anos? Se não tiver, não vale a pena se preocupar com isso agora. O que você irá servir naquele jantar da semana que vem, o pára-lama que você acabou de amassar, ou o fato de ter gasto uma quantia maior do que o previsto no vestido que comprou são coisas sem importância no contexto geral e não merecem rugas de preocupação. Se não terá importância daqui a dez anos, deixe correr! Apenas ponha na cabeça que não irá se preocupar — e então não se preocupe.

Embora seja importante entender seu passado, aprender com ele e crescer com esse conhecimento, também é importante deixar de pensar nele, porque já não existe mais. Embora seja maravilhoso ter sonhos, esperanças e metas para o futuro, é ainda mais importante viver cada momento da sua vida *agora*, porque isso é tudo o que existe.

NUNCA DEIXE PARA AMANHÃ

Vou lhe contar uma história verdadeira, a respeito de uma experiência que meu marido e eu tivemos em um cruzeiro no Taiti. Havíamos parado em Bora Bora para almoçar em um dos mais belos hotéis do mundo. Começamos a conversar com um casal idoso que estava na mesa ao lado e soubemos que eles haviam tirado três meses para visitar aquela parte do mundo. Como teríamos que voltar para casa dentro de poucos dias, fiquei verde de inveja e disse isso.

A mulher voltou-se para mim e disse: "Não me inveje. Eu é que tenho inveja da sua juventude e de sua saúde. No ano passado eu quase morri. Estou com câncer e, apesar de ter podido planejar esta viagem, estou sofrendo muitas dores. Na sua idade, quando éramos saudáveis e poderíamos ter desfrutado uma viagem como esta, não tínhamos dinheiro para fazê-la. Agora que o dinheiro não é problema, tenho dificuldade até para sair da cama a cada manhã."

O marido dela virou-se para o meu e disse: "Sabe, levamos tanto tempo até conseguirmos ter dinheiro para realizar aquela tão sonhada viagem de férias que quando nos damos conta, a morte está muito próxima de nós. Por isso, é melhor viajar quando se pode desfrutar o passeio – tenha-se ou não dinheiro para isso."

Nós dois concordamos com ele e sentimos que tínhamos recebido um conselho importante.

Quando voltamos ao navio, vi os demais passageiros de outra forma. Muitos deles tinham mais de setenta ou oitenta anos. Alguns estavam em cadeiras de rodas, outros eram cegos e eu pensei comigo mesma: "Que mundo louco". Aqui estamos nós, neste lugar maravilhoso e cheio de locais para serem explorados, e algumas dessas pessoas não podem desfrutá-lo plenamente. Por que as pessoas esperam até estarem velhas para fazer uma viagem destas?

Essa experiência, combinada com a história que vem agora, contada por uma de minhas alunas, me convenceu de que o momento para você fazer a viagem de seus sonhos é *agora*.

Ann, uma professora aposentada, contou que ela e seu marido Harold haviam planejado durante anos percorrer os Estados Unidos de *trailer*, quando se aposentassem. O dinheiro não era problema e eles estavam de olho no modelo mais espaçoso e luxuoso disponível.

Algumas semanas antes do dia de se aposentar, Harold teve um derrame e desde então ficou confinado a uma cadeira de rodas. Infelizmente, as férias dos sonhos de Ann e Harold nunca passarão disso — um sonho.

Não espere. Vá agora. Faça um empréstimo, se necessário, e acabe de pagá-lo quando tiver oitenta anos. E se não puder pagar, e daí? Pode parecer frívolo, mas estou falando muito sério.

Não adie — para fazer, comprar ou experimentar alguma coisa — até ter o dinheiro, o tempo ou a oportunidade perfeita! Esse momento pode não chegar nunca!

NOSSOS PENSAMENTOS AFETAM NOSSO ESTADO DE ESPÍRITO

Se você fica deprimida com freqüência e não tem nenhum problema orgânico causando este estado, é provável que você precise mudar seu modo de pensar. Quer você se dê conta ou não, seus pensamentos e suas crenças são, em grande parte, responsáveis pelo modo pelo qual você se sente e por aquilo que acontece em sua vida. Achar que não há nada que você possa fazer para mudar sua vida ou sua situação leva à depressão.

A maior parte do tempo, a impotência nada mais é que um estado de espírito, que você é capaz de mudar. Em vez de desperdiçar energia com pensamentos negativos, você precisa empregá-la na solução do problema. Você precisa tomar providências. Em vez de pensar que você está desequilibrada, diga a si mesma: "Não estou satisfeita com minha situação e, embora ainda não tenha certeza do que fazer, vou criar alternativas para recobrar meu equilíbrio."

TOME UMA ATITUDE

Normalmente, o simples fato de você tomar algum tipo de providência trará seu equilíbrio de volta e acabará com sua depressão.

Se você se sente desamparada porque alguém a magoou, insultou, criticou injustamente, lhe fez alguma imposição, pagou-lhe um valor abaixo do justo por alguma coisa, ou de alguma forma foi o responsável pelo sofrimento ou desconforto que você sente, é preciso enfrentar essa pessoa.

Você não ganha nada reclamando para aqueles que não têm nada a ver com a situação. Se você não gosta do sorvete que lhe foi servido na sorveteria, não reclame com os garotos que a atenderam — a responsabilidade não é deles. Vá à pessoa que pode mudar a situação — o proprietário ou o gerente! O segredo para você ficar satisfeita está em reclamar com a pessoa certa.

Fazer com que a pessoa responsável saiba que você está insatisfeita produz dois resultados. Primeiro, a responsabilidade por sua insatisfação é assumida pela pessoa certa, que pode resolver o problema. E segundo, você se sente bem consigo mesma porque se encarregou de preservar sua própria satisfação. Você não está agindo como vítima; está no controle da situação.

Não use o medo como desculpa para deixar de tomar uma atitude. Não deixe de agir, mesmo que você tenha medo!

ENFRENTE O MEDO

Quando não enfrentamos diretamente as pessoas que nos prejudicaram, tendemos a descarregar nossos sentimentos nas pessoas que amamos. Por exemplo, não é incomum dominar a raiva que sentimos de um estranho e jogá-la mais tarde em nosso parceiro. Você conhece a síndrome — você teve que esperar na fila do banco porque havia poucos caixas; levou um tempão para comprar três itens no supermercado porque só um caixa estava aberto; foi buscar a roupa na lavanderia e ela não estava pronta e, em vez de reclamar com o gerente, você apenas resmungou para a pessoa que a atendeu.

106

E ao chegar em casa, você finalmente põe para fora toda a sua frustração — descarregando-a em seu companheiro ou nos filhos, que não têm culpa de nada — gritando: "Vocês não sabem o que é ter que lidar com esses idiotas desinteressados no banco (supermercado, lavanderia)! Vocês não têm idéia do que eu passo o dia inteiro."

No final da minha primeira gravidez, meu marido e eu nos mudamos para um apartamento que não tinha lavadora, nem secadora de roupas. Um sábado, meu marido me deixou numa lavanderia automática próxima e disse que voltaria para me apanhar dentro de uma hora. Depois que ele saiu, descobri que havia deixado meu dinheiro em casa; fui até a casa de bebidas vizinha à lavanderia e expliquei a situação ao proprietário. Quando perguntei se ele poderia me emprestar algum dinheiro para eu lavar a roupa ou deixar que eu usasse seu telefone para ligar para meu marido, ele olhou para mim e disse: "Dê o fora da minha loja. Não dou dinheiro a qualquer um e não deixo você usar meu telefone." Completamente humilhada, caminhei os oito quarteirões até minha casa, chorando por todo o caminho. Depois daquilo, sempre que eu passava diante da casa de bebidas, meu estômago se apertava e eu me sentia mal. Eu sabia que a única maneira de me livrar daquela sensação seria enfrentar o homem que a havia causado, e decidi voltar lá depois que meu filho nascesse, embora ficasse amedrontada só de pensar nisso.

Esperei cerca de três meses e um dia me vesti bem, e fui dar o meu recado, em companhia de uma amiga, para ter apoio moral. Aproximei-me do balcão onde estava o mesmo homem e disse: "Com licença. Três meses atrás, eu entrei aqui precisando realmente de dinheiro emprestado para lavar minha roupa ou usar o telefone e o senhor recusou qualquer ajuda. Agora, eu gostaria de deixar este dinheiro para que o senhor seja amável com as próximas dez pessoas que possam passar por uma situação semelhante."

O homem puxou o dinheiro de minha mão e atirou-o em mim, gritando que eu saísse da sua loja. Fiquei satisfeita por sair, mas quando cheguei à porta, virei e disse: "Antes de sair, quero que saiba que é um homem grosseiro e insensível e que tenho pena do senhor e das pessoas que precisam conviver com o senhor."

A parte milagrosa da história é que depois que disse o que sentia ao dono da loja, eu passava por lá sem me sentir mal. O episódio ocorrido há mais de três meses estava finalmente encerrado.

Mesmo não tendo que enfrentar uma situação semelhante, você tem provavelmente uma sogra, uma amiga, vizinha, parente, ou mesmo um companheiro, alguém com quem você tem um problema não resolvido e que precisa enfrentar.

Muitas mulheres não enfrentam seus companheiros porque temem que eles as abandonem. Elas não querem "arrumar encrenca" e acreditam que paz e harmonia constituem um seguro contra a ameaça de serem abandonadas. Porém, as entrevistas com homens revelam exatamente o oposto. Eles dizem que não há nada pior do que viver com uma mulher que não tem opiniões, ou que concorda com tudo o que um homem diz. Além disso, os homens cujas companheiras deixam todas as decisões para eles se sentem sobrecarregados.

Uma mulher que dá valor a si mesma e às suas necessidades conquista o respeito do seu companheiro. Connie, por exemplo, havia tolerado o sarcasmo do marido durante anos para não provocar cenas. Finalmente, depois de uma experiência humilhante ocorrida na frente de amigos, Connie decidiu não aceitar mais aquilo.

No fim de semana seguinte sua oportunidade de assumir uma posição surgiu quando ela e Dan, seu marido, saíram com um colega de trabalho dele e sua mulher. Quando esta começou a explicar a Connie onde ficava sua casa, Dan comentou de forma sarcástica: "Não adianta explicar. Connie se perde dando a volta em um quarteirão.Ela nunca achará sua casa."

Normalmente, Connie teria rido do comentário de Dan e disfarçado sua raiva. Desta vez, entretanto, ela estava determinada a dizer o que pensava. Apesar da dificuldade que sentia, respirou fundo e enfrentou o marido.

"Por que você disse isso, Dan?" perguntou ela. "Você sabe que tenho um ótimo senso de direção."

Espantado, recuou imediatamente e se desculpou, dizendo:

"Escute, eu estava apenas brincando. Não estava falando sério."

Mais tarde, quando estavam a sós, Connie disse a Dan o quanto suas observações sarcásticas a feriam e que não iria mais tolerá-las. "Da próxima vez em que você me diminuir na frente de alguém, eu me levanto e vou embora", disse ela.

A força de Connie se revelou e Dan compreendeu que ela falava sério. "Não farei isso de novo", prometeu ele.

Carla, como muitas mulheres em meus seminários, fazia o possível para agradar às pessoas. Como queria que todos gostassem dela, tinha muita dificuldade para reivindicar seus direitos.

Os sogros de Carla moravam em Minnesota e havia muitos anos eles tinham o hábito de passar algum tempo na casa dela durante o mês de janeiro. Depois de ouvir a exposição a respeito do medo em minha aula, Carla decidiu que precisava se impor, primeiro com o marido e depois com os sogros, dizendo-lhes que daquela vez, em vez de ser anfitriã, ela queria tirar férias.

"Quando pensei a respeito, me dei conta de que, em meu desejo de ser amada, eu havia exagerado no papel de boa anfitriã. Não era de admirar que os pais de Sid gostassem de nos visitar. Eu providenciava tudo o que eles precisavam, ficava à disposição o tempo todo, preparava jantares especiais todas as noites e passava os dias fazendo o papel de guia turístico."

Carla ensaiou mentalmente tudo o que iria dizer ao marido e tranqüilizou-se por saber que o pior que poderia acontecer seria os sogros não aceitarem sua sugestão.

Sid achou boa sua sugestão de que, por uma vez, seus pais ficassem com as crianças enquanto ele e Carla fariam uma viagem. Ele se ofereceu para ligar para os pais e perguntar, mas Carla insistiu em fazer isso ela mesma. Ela sabia que precisava "sentir o medo e, mesmo assim, agir".

Na verdade, os sogros adoraram a idéia de ficar com os netos. Eles estavam ansiosos por uma oportunidade de ficar algum tempo sozinhos com as crianças, mas não quiseram forçar a situação.

"Tudo funcionou maravilhosamente", disse Carla. "As crianças puderam conhecer melhor os avós, meu marido e eu renovamos nosso relacionamento e eu superei meus ressentimentos."

Como você irá aprender no próximo capítulo, sentimentos não expressos ficam guardados. Se você não verbalizá-los,eles acabarão se expressando sob a forma de doenças.

Mesmo que a idéia de confronto a amedronte, você precisa agir para encerrar o caso. Se esperar para fazer alguma coisa difícil até que não tenha medo, você nunca fará. Ninguém está livre do medo. Mesmo as mulheres mais autoconfiantes que conheço me dizem que freqüentemente têm medo de fazer ou dizer certas coisa. Muitas delas têm sessões de treinamento em autoconfiança para superar seus temores.

Janet, uma mulher muito atraente em seus quarenta anos, revelou o medo que teve na primeira vez em que foi a uma festa para pessoas sozinhas. Divorciada havia seis anos, Janet não tinha ousado se aventurar além da rotina diária de trabalho, casa, filhos e amigos chegados durante todo aquele tempo. Finalmente, ela decidiu que estava cansada de ficar sozinha.

Janet contou que estava tão assustada ao entrar no salão, que pensou que ia desmaiar. "Eu não conseguia respirar", lembra ela. "Minhas mãos estavam frias e úmidas, eu podia ouvir meu coração bater e estava tão tensa que estremecia a cada passo que dava."

Janet diz que não se lembra de ter sido tirada para dançar, mas de repente se deu conta de que estava nos braços de um homem rodando pelo salão. Gradualmente, ela começou a se descontrair.

Depois disso, cada vez que ela saía era um pouco mais fácil. Janet disse que ficou contente por começar a sair novamente, a despeito do medo. "Se eu tivesse esperado até não ter mais medo, eu ainda estaria em casa em vez de estar planejando meu casamento", disse ela, radiante.

Até mesmo atores experientes dizem que sentem medo cada vez que precisam entrar no palco, acrescentando que isso lhes dá a energia extra de que necessitam para um desempenho fora do comum. A primeira vez em que fui dar um seminário para um público de quinhentas pessoas, eu estava morta de medo. O momento em que tive que entrar no palco foi tão terrível quanto se eu tivesse uma arma apontada para minha cabeça. Mas eu fui com medo e tudo.

Algumas vezes, conversar consigo mesma ajuda a aliviar seu medo. Muitas pessoas ousadas que conheço se perguntam: "O que pode acontecer de pior?" Eles traçam um cenário do "pior possível" para dar em si mesmos o empurrão de que necessitam para enfrentar uma tarefa que os assusta. Eles sentem medo e fazem assim mesmo!

SEJA SINCERA CONSIGO MESMA

Respeite-se a si mesma. Comprometa-se com a certeza de que você é a pessoa mais importante do mundo. Se você não tiver auto-respeito, ninguém irá respeitá-la. O auto-respeito provém de você ser sincera consigo mesma, de sentir-se satisfeita do jeito que é: ele provém de fazer com que os outros saibam como você de fato se sente. Assim, seja sincera consigo mesma, enfrente aqueles que a ferem e encerre os casos não resolvidos.

Alguns anos atrás, pedi a um grupo de homens que relacionassem alguns dos traços que achavam desejáveis em uma mulher. Fiquei surpresa quando vi que suas respostas focalizavam traços de personalidade ao invés de características físicas. Todos disseram que as mulheres que se sentem felizes e bem consigo mesmas são as mais atraentes.

"Se uma mulher não está feliz, não é divertido estar com ela", escreveu um deles.

"Gosto de uma mulher que confia em si mesma", escreveu outro. "Não importa o que ela faça, desde que se sinta bem consigo mesma. Há muitas mulheres e pouco tempo para se gastar com alguém que se sente insatisfeito ou irritado", concluiu.

Muitos homens confessaram que haviam se afastado de uma mulher porque ela se sentia infeliz. "Acabei por deixá-la, porque compreendi que não poderia fazê-la feliz", lamentou um deles.

Um outro disse: "Minha mulher esperava que eu fosse seu diretor social, seu acompanhante constante. Ela nunca saía do meu lado. Eu simplesmente não pude continuar vivendo com uma mulher que estava sempre querendo mais do que eu podia dar."

Obviamente, os homens acham excitantes as mulheres felizes e satisfeitas consigo mesmas.

LISTAS, LISTAS, LISTAS

Tenho o hábito de nunca ir para a cama à noite sem fazer uma lista daquilo que preciso fazer no dia seguinte, dando maior prioridade àquelas que menos quero fazer. Não importa o que seja — dar um telefonema, ir à lavanderia, trocar algo que comprei ou conversar com um cliente em potencial — depois que escrevo não preciso mais me preocupar com aquilo.

Dizem que se preocupar é pior que fazer — que você gasta três vezes mais energia para se preocupar com o que precisa ser feito do que para fazê-lo. Imagine só! Gastar três vezes mais energia preocupando-se com aquele temido telefonema do que simplesmente apanhando o telefone; três vezes mais energia preocupando-se com a limpeza da casa, em vez de pegar a vassoura e pôr-se a trabalhar.

Você já foi se deitar completamente exausta e se perguntou por que estava tão cansada, se não fez nada durante o dia inteiro? É muito provável que você tenha feito alguma coisa — que tenha passado o dia se preocupando. A preocupação é um desperdício de energia e nada realiza. A atividade lhe dá energia e a preocupação a esgota.

Lembre-se, se o motivo da sua preocupação é algo que você não irá recordar daqui a dez anos, provavelmente não merece que você se preocupe. Aquilo que você servir no jantar não será lembrado daqui a dez anos; portanto, compre qualquer coisa e cozinhe. Preocupar-se é pior que fazer.

Não desperdice sua energia se preocupando — quando chegar a hora de agir, não lhe restará nenhuma. Adiar compromissos consome energia. Se você deixar para depois as coisas que não quer fazer, não terá energia para fazer o que lhe agrada.

TEMPO PARA SI MESMA

Certifique-se de incluir, na sua lista diária de coisas a fazer, os cuidados consigo mesma. Sabe por quê? Porque você é uma pessoa muito importante e merece isso! Imagine-se como uma grande jarra cheia até a borda com um líquido vermelho. Este líquido é amor. Imagine agora alguns copos vazios que representam seu companheiro, seus filhos, um parente, uma amiga, uma vizinha — qualquer um que necessite do seu amor ou exija algo de você. Por exemplo:

FILHO: "Hei, mamãe. Você pode me fazer um grande favor? Preciso escrever um relatório. Você me compra papel e uma bela capa?"

COMPANHEIRO: "Meu bem, precisamos ir a um banquete da empresa; deixe o próximo domingo livre."

MÃE: "Querida, aqui é sua mãe. Você poderia ir às compras comigo? Seu pai e eu vamos tirar férias e não sei o que comprar."

CHEFE: "Mary, preciso destes relatórios prontos amanhã às cinco da tarde."

VIZINHA: "Olá. Você pode me fazer um favor e cuidar do Billy? Preciso ir ao médico."

AMIGA: "Estou tão deprimida. Preciso realmente ir até aí e conversar com você."

À medida que você atende a cada uma dessas solicitações, imagine que um pouco do seu "suco do amor" está sendo colocado em cada copo. O que acontece com a jarra (você) quando você enche os copos de todos? Ela (você) fica vazia. E quando você fica vazia, nada tem para dar.

Sendo boa para si mesma — incluindo-se na lista de coisas a fazer — você enche novamente "sua jarra de amor". Ser boa para si mesma significa coisas diferentes para pessoas diferentes. Para algumas, significa ir à manicure; para outras, pode ser uma massagem. Pode ser uma ida ao cabeleireiro, ler um bom livro, tomar um banho de espuma, fazer uma viagem, comprar um vestido novo, participar de um seminário, cuidar do jardim ou tirar uma soneca. Não importa o que você faça, desde que seja em proveito próprio.

A cada dia em que dá de si mesma e esvazia sua jarra, você precisa ser egoísta para enchê-la novamente. Toda vez que a enche, você tem mais para dar. O amor é como o conhecimento. Quanto mais você tem, mais pode partilhar. Você pode dar somente aquilo que tem. Se você não se amar e não cuidar das suas próprias necessidades e desejos, nada terá para dar às pessoas que ama.

A conselho de uma amiga, Rita, uma mulher que havia desistido de uma carreira compensadora para se tornar mãe em tempo integral, havia se matriculado em meu curso. Rita sabia que estava irritada e ressentida, mas não sabia ao certo por que até que viu a demonstração dos "copos de amor" em minha aula. Depois da aula ela veio me dizer que agora compreendia que estava completamente seca. "Com um filho de quatro e outro de dois anos, nunca tenho um momento para mim mesma", suspirou ela.

Perguntei o que encheria seu copo de amor. "Adoraria ter alguém que tomasse conta deles algumas horas por semana", sorriu ela, "para que eu pudesse ficar na banheira e ler um bom romance."

Por insistência minha, Rita discutiu a idéia com seu marido e, com sua aprovação, tomou as providências necessárias. Sua atitude melhorou, o mesmo acontecendo em seu relacionamento com o marido e os filhos. Rita aprendeu a importância de fazer algo que lhe desse satisfação para ter o que dar às pessoas que amava.

Você pode usar o "copo de amor" para explicar aos seus filhos por que sai às compras sozinha, ou por que você e o papai vão fazer uma viagem. Encha de fato uma jarra com água colorida e sirva os copos vazios enquanto lhes explica que vai encher sua jarra para lhes dar mais amor. Mostre isso ao seu companheiro e diga-lhe: "Vou a este seminário para que eu possa me sentir bem comigo mesma e, com isso, amá-lo mais."

A propósito, não espere que as pessoas leiam seus pensamentos. Elas não sabem se sua "jarra de amor" está cheia ou vazia. Só você sabe. Se insistir em dar aos outros quando estiver vazia, você terá um esgotamento físico ou mental. E, pior que tudo, você irá se detestar. Você não pode dar aquilo que não tem! Não seja uma mártir. Você tem que contar do que necessita às pessoas que estão à sua volta.

Se você pensar que seu marido deve saber do que você necessita, que sua vizinha deve saber como você está cansada, que seus filhos devem saber que você está tensa, você não estará sendo justa. Conte a eles!

Se você estiver cansada demais para preparar o jantar que havia planejado, diga ao seu companheiro: "Querido, estou realmente exausta. Vamos pedir alguma coisa ou comer fora. Não agüento preparar o jantar." Pode ser que sair para jantar seja exatamente aquilo que você necessita para encher sua "jarra de amor" e sentir-se mais estimulada e afetuosa. Não tenha medo de fazer algo que lhe agrade. Você merece!

PARA SUA JARRA TRANSBORDAR

Nos últimos oito anos tenho colecionado idéias de mulheres que fizeram meu curso, a respeito de como elas enchem suas jarras de amor. Talvez algumas delas ajudem você a cuidar melhor de si mesma.

114

* *Contrate uma faxineira* para vir toda semana, ou a cada duas semanas.

* Contrate uma pessoa para cuidar dos seus filhos algumas horas por dia ou por semana.

* Programe um almoço demorado com uma amiga.

* Saia para fazer compras.

* Experimente uma hora de massagem.

* Vá fazer os pés.

* Vá fazer as unhas.

* Vá fazer um tratamento facial.

* Vá a um *show* de moda.

* Participe ativamente de uma causa que considerar meritória.

* Entre para uma academia e atenha-se a um programa de exercícios.

* Inscreva-se numa academia de aeróbica.

* Mude o penteado.

* Faça uma análise da sua personalidade.

* Tome um demorado banho de espuma.

* Passe uma hora por dia lendo um bom livro.

* Faça aulas de música.

* Faça aulas de dança.

* Faça aulas de teatro.

* Tire um dia para ficar na cama, comer bombons e ver TV.

* Volte a estudar.

* Passe um dia sozinha na praia.

* Planeje uma saída à noite com amigas. Esbanje e alugue uma limousine.

* Faça um curso de culinária.

QUEM SOU EU?

Para sermos felizes, precisamos conhecer a nós mesmas — saber o que realmente gostamos de fazer. Em minha opinião, todos nós começamos a vida sabendo quem somos e o que nos deixa felizes, mas deixamos para trás nossas verdadeiras personalidades para agradar aos adultos que são importantes em nossas vidas. Quando crianças, somos bombardeados com "ordens e orientações", até que acabamos aceitando as idéias dos outros a respeito do que devemos ser e daquilo que devemos fazer.

Você deve ser e deve fazer tudo o que achar que lhe dá mais satisfação. Você precisa ser sincera consigo mesma. Não tente corresponder às expectativas alheias a seu respeito. A pessoa mais importante a agradar é você mesma. Se você estiver feliz, todos aqueles que tiverem contato com você só terão a ganhar com isso.

Ouvimos freqüentemente histórias a respeito de pessoas que se ergueram por si mesmas e alcançaram suas metas contra todas as probabilidades. Mas sei que para cada uma dessas pessoas que alcançaram suas metas existem pelo menos outras mil que não perseguiram seus sonhos porque não tiveram estímulo. Quando crianças, assumimos que pelo fato de nossos pais serem mais velhos e experientes e nos amarem, aquilo que eles dizem deve ser verdade. Se eles nos disseram:

Você tem uma voz horrível,

Você nunca será um artista,

Você é tímida demais para representar,

Você é desajeitada demais para ser uma garçonete,

Você é baixa demais para ser modelo,

Você não tem inteligência para fazer um curso superior, nós acreditamos neles. Não se pode mudar o passado. Seus pais e as outras pessoas que tiveram influência em sua vida disseram aquilo que acreditavam ser a verdade. Mas isso não significa que era. Você, como adulta, pode ter opiniões diferentes. Agora você pode decidir acreditar em si mesma.

SIGA SEU CORAÇÃO

Todos nós temos um guia interior que nos diz o que é verdade para nós. Precisamos apenas ter confiança suficiente em nós mesmas para seguir nosso guia. Não consigo expressar com palavras como é importante você ouvir seu guia.

Por favor, reserve algum tempo para ficar sentada em silêncio e com os olhos fechados e perguntar ao seu guia: "Quem sou eu? O que quero fazer?" Garanto que se tentar realmente, você receberá uma resposta.

116

Uma de minhas alunas teve dificuldade para obter uma resposta do seu guia interior. Veio falar comigo muito perturbada e disse: "Não sei quem sou. Sei que sou a mulher do Peter, a mãe da Kira e a filha de Fred e Gertrude. Mas não sei quem EU sou!"

Eu lhe disse para tentar novamente, mas desta vez ela deveria fazer de conta que seu marido, seus filhos e seus pais não existiam, que o dinheiro não era problema, que a idade e o tempo não tinham importância. Algumas vezes precisamos superar aquilo que consideramos obstáculos antes que possamos ouvir o que nosso guia interior tem a nos dizer.

Na segunda vez em que minha aluna tentou o exercício, ela teve mais sucesso. Ela veio me dizer que secretamente sempre havia desejado ser médica, mas achava que com trinta e dois anos de idade era tarde demais.

"É claro que não", eu lhe disse. "Se você der um pequeno passo todos os dias, no final do ano terá completado trezentos e sessenta e cinco pequenos passos, que equivalem a um passo gigantesco. O primeiro passo pode ser ligar para a faculdade local e pedir que eles lhe enviem um folheto sobre o curso. Outro passo pode ser marcar hora com um orientador profissional. Depois, curse apenas uma matéria para ver se consegue passar. A seguir outra e outra, e finalmente você estará pronta para se candidatar à escola de medicina." Eu lhe disse que poderia levar dez anos, mas que se ela se formasse com quarenta e dois anos, ainda teria muitos anos para praticar a medicina. Afinal de contas, nas palavras de uma de minhas alunas, que se formou aos setenta e três anos: "Eu imaginei que faria setenta e três anos de qualquer forma; então, por que não comemorá-los com um diploma nas mãos?" Minha aluna de trinta e dois anos faria quarenta e dois de qualquer forma. Por que não completá-los e também receber um diploma?

Tive o privilégio de ter em meu seminário duas mulheres maravilhosas, que eram advogadas. Ambas haviam sido secretárias por muitos anos e ambas haviam sonhado secretamente em ser advogadas. Elas iniciaram o curso de Direito, onde se conheceram, com pouco mais de quarenta anos. Dando pequenos passos e fazendo uma matéria por vez, elas conseguiram realizar seu sonho e hoje são sócias do seu próprio escritório de advocacia.

Depois de concluir meu curso, uma outra mulher, que sempre desejara ser atriz, decidiu se inscrever em um curso de artes dramáticas aos sessenta anos. Ela me telefonou para contar como aguardava ansiosa sua aula semanal e como se sentia entusiasmada e satisfeita.

Ela precisa ser descoberta por Hollywood? NÃO! Ela descobriu a si mesma e desvendou seus talentos.

DUAS PERGUNTAS PARA A AUTODESCOBERTA

Shakespeare disse: "Acima de tudo: seja sincero consigo mesmo e, assim como o dia segue à noite, você não pode ser falso com nenhum homem". Ser sincero consigo mesmo é estar em estado de graça. Para descobrir se você está sendo sincera consigo mesma, faça-se estas duas importantes perguntas:

1) Se eu não estivesse sendo pago por aquilo que faço, continuaria a fazê-lo?

Se a resposta for sim, você está fazendo aquilo que quer. Na verdade, eu daria minhas aulas de graça, como já fiz algumas vezes, porque acredito no que ensino e gosto do que faço.

2) Se eu tivesse apenas um ano de vida, continuaria a fazer aquilo que estou fazendo?

Se a resposta for não, então por que não parar? Você poderá morrer no próximo ano e terá desperdiçado seu último ano de vida fazendo algo que não queria fazer.

Certa noite, depois da aula, uma aluna pediu para falar comigo por alguns minutos. Ela contou que estava prestes a se divorciar, porque era impossível agradar a seu marido.

"Ele sempre riu de mim por eu ser aquilo que ele chama de 'metida a artista'; então, recentemente me inscrevi em um curso para ser agente de viagens. Agora ele reclama das lições de casa que preciso fazer e porque escolhi uma profissão tão mal-remunerada."

Perguntei a Paula o que ela queria fazer. Ela disse que queria agradar a seu marido.

"Nada que você faça irá contentá-lo", eu lhe disse. "Por que você não pensa em agradar a si mesma?"

E lhe fiz as duas perguntas importantes. Se ela tivesse apenas um ano de vida, desejaria ser uma agente de viagens? Se não fosse remunerada, ainda assim gostaria de ser agente de viagens?

Paula pareceu chocada e disse que era claro que não. Se ela tivesse apenas um ano de vida, iria querer passá-lo pintando e fazendo objetos de arte.

Convidei Paula a ir comigo a um centro de artes e ofícios não muito distante e perguntei se ela gostaria de possuir algum dia um local semelhante. Ela suspirou e disse que se pudesse ter uma loja como aquela, se sentiria no paraíso.

A última vez que ouvi a seu respeito, Paula estava freqüentando um curso sobre como iniciar e dirigir seu próprio negócio.

Desde que comecei com meus cursos, tenho ouvido muitas mulheres dizerem "Abri mão de tudo por esse homem. Fiz o possível para agradá-lo e ele me deixou." É claro que deixou! Quando você abre mão de tudo, abre mão de si mesma. Ninguém quer viver com uma esponja ou um parasita ou, pior ainda, um "nada". Quando você abre mão, deixa de existir.

Lembro-me em particular de dois homens que deixaram suas mulheres que pouco ou nada contribuíam para o relacionamento. John, um deles, contou-me que acabou deixando Kelly apenas para que ela pudesse ter a oportunidade de descobrir quem era.

Nas palavras de John, "Ela havia se tornado um tédio total. Se eu lhe perguntava a respeito do seu dia, ela respondia simplesmente que nada de interessante havia acontecido."

Quando ele lhe perguntava que filme ela gostaria de ver, ou onde gostaria de jantar, ela sempre respondia que não fazia diferença. Finalmente, John não agüentou mais e disse a Kelly que ia morar com um amigo.

"Na verdade, estou gostando", disse ele. "É muito divertido estar com alguém que tem uma opinião e experiências para trocar."

Outro homem contou que sua mulher pedia sua aprovação para tudo. No início ele gostava, mas com o tempo aquilo o estava deixando louco.

"Ela chegou ao ponto de me pedir permissão para ir ao supermercado."

Quando ele lhe diz, sinceramente, que não se importa, ela interpreta isso como sinal de que ele não a ama.

"Pensando bem", disse ele, "talvez eu não a ame mais. É muita responsabilidade ser o único que toma todas as decisões."

Essas mulheres abriram mão de tudo para fazerem a felicidade dos seus parceiros, esperando que eles nunca as deixassem. Em vez disso, elas criaram exatamente aquilo que estavam tentando evitar. Se elas tivessem permanecido sinceras consigo mesmas, teriam continuado a crescer e os homens gostam disso. Pode ser que inicialmente eles tenham alguma dificuldade para aceitar as mudanças e o crescimento, mas a longo prazo passam a respeitar as mulheres por isso, e o respeito é um dos ingredientes-chaves para um relacionamento duradouro. Lembre-se, o conflito leva ao crescimento e se você não crescer, você morre.

ATIVIDADE Nº 5

Escreva numa ficha:

Esta ficha é só para mim.

* Viverei o aqui, e o agora!
Concentre-se no presente.

* Deixarei de lado as preocupações.
Se o motivo da sua preocupação não tiver importância daqui a dez anos, esqueça.

* Farei planos agora para umas férias fabulosas.
Não espere até ser tarde demais para fazer a viagem dos seus sonhos.

* Sentirei o medo e agirei mesmo assim.
Encerre casos não resolvidos. Não tenha medo de virar a mesa.

* Manterei cheia minha "jarra de amor".
Se você encher antes a sua "jarra de amor", terá mais para oferecer às pessoas que ama.

* Serei organizada.
Escreva todos os dias uma lista de coisas que precisa e deseja fazer. Lembre-se, preocupar-se é pior que fazer.

* Acreditarei em mim mesma.

Deixe-se guiar pelo seu guia interior, e não pelas expectativas alheias.

SETE

Não Há Sentimentos Certos, nem Errados

Uma das razões mais comuns pelas quais maridos e mulheres não conseguem se comunicar é que eles não conseguem reconhecer seus próprios sentimentos.

Por exemplo Linda, que participou de um dos meus mais recentes seminários, disse-me que somente depois da sessão sobre sentimentos ela conseguiu entender por que, nas últimas semanas, havia se sentido tão alienada do seu marido e incapaz de se comunicar com ele.

Linda lembrou que duas semanas antes do curso, eles haviam convidado o melhor amigo do marido e sua mulher para jantar. Logo depois do jantar, Linda pediu licença para ir amamentar seu filho de três meses.

Ao deixar a mesa, Linda entreouviu o amigo do seu marido fazer uma observação espirituosa, dizendo que o bebê recebia mais atenção que o pai. Para o aborrecimento dela, seu marido respondeu na mesma linha, em vez de defender a decisão conjunta deles, de alimentar o bebê com o leite materno. Embora no momento não

122

tivesse dado importância ao fato, mais tarde Linda se deu conta de que estava profundamente magoada com a insensibilidade do marido.

Depois da aula sobre sentimentos, Linda achou uma oportunidade para explicar ao marido como o incidente a havia magoado. Ele segurou-a em seus braços e pediu desculpas; mais tarde, escreveu-lhe este bilhete:

Querida,

Sinto muito se a magoei. Não percebi que aquilo que disse poderia deixá-la tão mal. Simplesmente falei sem pensar. Desde que nosso bebê chegou tenho me sentido um pouco abandonado por você. Sinto realmente falta da nossa antiga intimidade.
Tentarei ser mais compreensivo. Por favor, perdoe-me.

Amo você

A única pessoa que sabe como você se sente é você, e seus sentimentos podem mudar de um momento para outro.

Durante um período de vinte e quatro horas, você pode sentir desapontamento, amor, confusão, raiva, alegria, tristeza e ressentimento. Mais espantoso ainda é o fato de você poder passar exatamente pela mesma experiência que outra mulher e seus sentimentos serem completamente diferentes.

Por exemplo, uma mulher casada pode ficar alegre ao saber que está grávida, enquanto uma outra mulher, com a mesma idade e o mesmo estado civil, pode ficar arrasada com a notícia.

Três mulheres que chegam atrasadas para uma aula podem ter três reações diferentes. Uma pode sentir-se aliviada por ter finalmente chegado, a segunda pode ficar aborrecida porque o professor começou sem ela, e a terceira pode se preocupar com a possibilidade de ter perdido alguma coisa importante.

Qual das mulheres tinha os sentimentos "certos" em resposta à situação? Todas. Nossos sentimentos não são certos, nem errados. Eles são o que são. Ninguém tem o direito de nos dizer o que devemos sentir. Entretanto, temos a obrigação de respeitar nossos próprios sentimentos e não fingir que eles não têm importância.

Para ser sincera consigo mesma, você precisa entender que os sentimentos nunca podem ser rotulados de certos ou errados. Eles são seus e devem ser *reconhecidos, partilhados* e, até mesmo, *divulgados.*

Os casais que se mostram dispostos a partilhar seus sentimentos têm muito maior probabilidade de ter boa comunicação e intimidade real do que os casais que ocultam seus sentimentos. Algumas vezes, entretanto, podem ser necessárias várias tentativas para que a comunicação ocorra de fato. Nas primeiras vezes em que você contar ao seu companheiro como se sente, ele poderá dizer que você é tola por se sentir assim, ou que não deveria sentir isso. Sua obrigação é defender seus sentimentos. Você poderá responder dizendo: "Pode ser ridículo, mas é assim que eu me sinto". Não tenha medo de balançar o barco. Seu companheiro poderá ficar irritado ou amuado por alguns dias, mas acabará voltando atrás.

O segredo para defender seu terreno sem provocar um tumulto é usar afirmativas na primeira pessoa do singular, e não na segunda. Por exemplo, Marla, armada com novos conhecimentos a respeito de como ter suas necessidades satisfeitas, voltou para casa depois da minha aula para discutir com Sam, seu namorado, a respeito do seu hábito de flertar com outras mulheres.

Ela lhe disse o quanto ficava enciumada quando ele flertava com outras mulheres, e quando lhe deu um exemplo específico, Sam irritou-se e não só negou que havia flertado, como também disse que Marla não tinha o direito de se sentir daquela maneira.

Marla retrucou dizendo: "Quero me sentir especial quando estou com você. Quero sentir que sou a única mulher pela qual você se interessa. Não quero sentir que estou competindo com outra."

Sam saiu mal-humorado e sumiu por vários dias. Marla estava começando a se preocupar, achando que não deveria ter balançado o barco, quando ele finalmente telefonou. Sam pediu desculpas pelo seu comportamento e disse que não iria mais flertar. Quando ele confessou que os ciúmes de Marla o haviam feito sentir-se importante, ela compreendeu o quanto ele se importava com ela. Ela também precisava deixar claro a Sam que ele era importante para ela não apenas por deixá-la com ciúmes. Ao revelar honestamente seus sentimentos, Marla conheceu melhor os sentimentos de Sam por ela, e ganhou uma promessa de mudança de comportamento e uma nova intimidade com ele.

NÃO ATAQUE, AFIRME

Tanto Linda como Marla obtiveram respostas favoráveis ao expressarem seus sentimentos, porque abordaram seus companheiros de forma não ameaçadora. Elas aceitaram a responsabilidade pelos seus sentimentos, dizendo: "Eu me sinto..." ao invés de "Você me fez sentir..."

Se você disser ao seu companheiro que ele fez com que você se sentisse de uma determinada maneira, isso será interpretado como um ataque e ele se defenderá automaticamente. O resultado será uma discussão, ao invés de compreensão e intimidade. Por outro lado, se você se limitar a dizer como se sente, ele será mais receptivo à sua mensagem.

Repita as frases abaixo, ouvindo-as como se estivessem sendo ditas a você, e perceba a diferença naquilo que sente ao ouvi-las:

"Por que você não pode se lembrar de telefonar quando vai chegar tarde?"

"Eu me preocupo quando você está atrasado e não tive notícias suas."

Percebeu a diferença? Lembre-se, é importante fazer afirmações na primeira pessoa e defender seus sentimentos.

ENSINAMOS A MENTIR

Em minha opinião, todos nós começamos a vida em contato com nossos sentimentos e aptos para partilhá-los de forma sincera e honesta. Por exemplo, se perguntarem a uma criança de dois ou três anos: "Você quebrou este brinquedo?" ela acenará orgulhosamente a cabeça, indicando que sim. Ela seria totalmente honesta, mas a maioria dos pais iria puni-la de qualquer maneira. Normalmente eles dizem "Que coisa feia! Vá para seu quarto", ou "Agora eu tenho que castigá-lo", ensinando à criança que se ela falar a verdade, será castigada. Os pais também dizem coisas como "Você realmente me magoou", ou "Você me tira do sério". Assim, as crianças também aprendem que, se contam a verdade, elas magoam papai e mamãe. As crianças que mentem somente o fazem por uma de duas razões — para se protegerem ou para proteger seus pais.

As crianças são ensinadas a mentir até na sala de aulas. Quando um professor pergunta: "Muito bem, quem estava conversando?" Aquele que levanta o braço, que assume a responsabilidade pelo que fez, é enviado ao diretor. A reação nunca é "Obrigado por dizer a verdade e assumir a responsabilidade, John. Por favor, não atrapalhe a aula. Se você estiver desinteressado, procurarei lhe dar alguma coisa mais estimulante para fazer." O tapinha nas costas, o agradecimento, são suficientes para aquietar a criança.

Não é de admirar que, como adultos, ainda estejamos mentindo. Estamos apenas agindo de acordo com aquilo que aprendemos quando crianças: dizer a verdade é igual a castigo para mim, ou a mágoa para aqueles a quem amo.

Betsy e seu marido haviam reconhecido esta armadilha no início do seu casamento e feito um pacto de que sempre diriam a verdade, não importando o quanto essa verdade magoasse, e responderiam dizendo: "Obrigado pela honestidade. Amo você."

Segundo Betsy, isso nem sempre era fácil, mas depois de quarenta e três anos de casamento eles ainda mantinham o pacto.

"Nunca tive o problema do meu marido me ligar avisando que iria chegar tarde, porque ele sabia que não ouviria um sermão", disse-me Betsy.

"Entretanto, houve ocasiões em que precisei morder a língua para me segurar", acrescentou.

Se o seu companheiro mente para você, ou é porque ele não quer magoá-la, ou porque ele não quer ter problemas. Depende de você dar-lhe segurança para ele contar a verdade. Você pode começar da estaca zero, dizendo: "De agora em diante, só haverá elogios, abraços e beijos para quem contar a verdade". Por mais difícil que isso possa ser, garanta a ele que ficar sem saber alguma coisa é pior que saber a verdade, por mais cruel que ela seja. Mas tome cuidado, porque você será testada! Não falhe!

MENINOS NÃO CHORAM

Muitas mulheres pensam que seus maridos não têm sentimentos — ou que, de alguma forma, os homens não têm os mesmos sentimentos que as mulheres. Mas a verdade é que não existe diferença entre a maneira pela qual os meninos e as meninas sentem — a única diferença está na maneira pela qual nossa sociedade os trata.

A história abaixo é um exemplo perfeito de como um garoto capta a mensagem de que não é certo chorar. O treinador da equipe mirim de beisebol do meu filho tinha um filho adorável de quatro anos, que era o "carregador dos tacos" da equipe. Certa vez ele ficou na linha de fogo e uma bola atingiu-o no estômago. Enquanto ele estava lá se contorcendo e chorando, seu pai berrou: "Meninos não choram! Está me entendendo? Meninos não choram!" Tive vontade de dar uma tacada na cabeça do treinador e depois perguntar: "E treinadores, choram quando se machucam?"

Outra vez, quando meu filho tinha seis anos, ele caiu da bicicleta e fez um corte feio no queixo. Fomos correndo com ele até o pronto-socorro e quando o médico ouviu-o chorando, perguntou: "O que temos aqui, uma garotinha? Garotos não choram em meu consultório."

Logo que nos casamos, sempre que eu ficava perturbada com uma situação, a reação típica do meu marido era: "Por que você sempre tem que fazer uma tempestade num copo d'água? Por que tudo tem que ser exagerado?"

Mais ou menos na mesma época, assisti a um filme chamado *A Pequena Loja de Penhores*, estrelado por Rod Steiger. Era a respeito de um homem que havia perdido toda a sua família num campo de concentração. Em conseqüência, o homem tornou-se indiferente e insensível. Ele foi para os Estados Unidos, onde abriu uma loja de penhores, uma ocupação que parecia exigir alguém sem sentimentos. Com o passar do tempo, ele acabou se afeiçoando a um garoto e, quando este morreu no final do filme, o homem, incapaz de sentir dor com a morte do garoto, pressionou a mão contra um espeto de prender papéis até que ele a atravessou, só para sentir alguma coisa. Depois de ver o filme, sempre que meu marido me respondia friamente, eu lhe dizia: "Eu me esqueci, você é o homem da loja de penhores. Você não sabe sentir."

É claro que hoje eu compreendo que meu marido, quando pequeno, tinha sentimentos tão profundos quanto qualquer outra pessoa, mas foi forçado a negar seus sentimentos, porque um homem não podia demonstrá-los.

Muitos homens me disseram que têm dificuldade para expressar seus sentimentos, devido a experiências na infância. Por exemplo, Leon contou que seu pai chamava-o de mariquinhas e de bebê chorão sempre que ele chorava. Como ele queria ser aceito pelo pai, em pouco tempo aprendeu a não chorar.

Kirk disse que, quando era pequeno, corria em busca da mãe sempre que estava assustado. Seu irmão mais velho, a quem ele idolatrava, mexia com ele e chamava-o de "filhinho da mamãe" ou de "assustadinho"; com isso, Kirk logo aprendeu a deixar de buscar consolo com a mãe e a se virar sozinho.

Charlie se lembrou da primeira vez em que seu pai o levou a caçar. "Eu detestava a idéia de matar ou ferir qualquer coisa, mas meu pai ficava me chamando de medroso", contou ele à classe.

"Eu queria tanto a aprovação do meu pai que reprimi meus sentimentos e atirei com o rifle." Charlie concluiu dizendo: "Hoje eu gosto de caçar."

Quando você era pequeno, as pessoas a quem você mais queria agradar lhe diziam que quando alguém o xingava aquilo não tinha importância, que "Paus e pedras podem quebrar seus ossos, mas palavrões não machucam". Errado! As palavras ferem!

Além disso, quando seus sentimentos não são reconhecidos, você os reprime na tentativa de ser amado e aceito e, em vez disso, acaba se sentindo isolado, irritado e culpado.

O GRANDE DISFARCE

Muitas mulheres também têm dificuldade para demonstrar seus sentimentos. Dependendo de quanto sua família era autoritária quando você estava crescendo, maior ou menor será sua facilidade para demonstrá-los.

É tão comum as crianças ouvirem dizer que devem disfarçar seus sentimentos, que na maior parte das vezes isso passa despercebido. Por exemplo, uma criança acabou de brigar com a irmã e sua mãe insiste para que "vá até lá e peça desculpas à sua irmã".

A criança provavelmente tem uma porção de sentimentos, mas o arrependimento não é um deles.

Ela tem que tomar uma decisão. O que ela dirá: "Não, não estou arrependida e não vou dizer que estou", ou irá até a irmã e di-

128

rá que sente muito e assim tem o amor e a aprovação da mãe? Meu palpite é que a maioria das crianças prefere a segunda alternativa.

Se você chorava quando era levada a um consultório médico para tomar injeção, provavelmente lhe diziam: "Não precisa ter medo. Não vai doer." Quando doía você chorava ainda mais, enquanto sua mãe e o médico diziam que você estava sendo uma boba.

Percebeu como começamos a esconder nossos sentimentos?

LIDANDO COM A CULPA

Os pais dispõem de muitas maneiras para fazer com que seus filhos se sintam culpados. Com freqüência, a culpa nada mais é do que não sentir o que outra pessoa diz que você deveria sentir. Por exemplo, se quando você era criança lhe dissessem que era errado odiar alguém e você realmente odiasse a pequena Marie da casa ao lado, você se sentiria culpada por ter um sentimento que seus pais lhe haviam dito que não deveria ter.

Meus pais vieram da Europa e tinham muito pouco dinheiro. Cada centavo que ganhavam se destinava à minha educação e à do meu irmão. Eles não gastavam dinheiro com eles e eu era constantemente lembrada de como era difícil ganhar dinheiro e fácil gastá-lo. Como resultado, sinto-me culpada todas as vezes em que compro alguma coisa para mim. O interessante é que posso gastar com meus filhos ou com meu marido, sem culpa nenhuma. Somente me sinto culpada quando gasto comigo. Assim, todas as vezes em que estou esperando na fila para pagar por um vestido ou um par de sapatos, sinto-me culpada. Todas as vezes que meu marido e eu saímos em férias sem as crianças eu me sinto culpada, porque meus pais nunca tiraram férias. Eles sempre diziam: "Algum dia, quando as crianças tiverem crescido, nós tiraremos férias, mas agora há muito a ser feito para que possamos gozá-las". (Eles eram definitivamente pessoas que adiavam a felicidade.)

Aprendi a lidar com minha culpa e espero poder ajudá-la a lidar com a sua. Sempre que alguma coisa me faz sentir culpada, eu apenas sinto a culpa e faço assim mesmo! Se quiser, você poderá passar os próximos cinco anos indo à terapia três vezes por semana para apagar as "fitas" que gravou da sua mãe, do seu pai, do pastor, padre, rabino ou seja quem teve alguma coisa a ver com o fato de você sentir-se culpada. Mas acredite em mim, custa muito menos ir em frente e agir, embora você se sinta culpada, do que fazer terapia. Portanto, não se livre da culpa! Fique com ela. Apenas sinta-a e faça assim mesmo.

UMA CULPA MUITO DISPENDIOSA

Outra maneira de olhar a culpa é comparando os comportamentos que resultam dela versus aqueles que resultam da raiva. É assim que funciona: toda vez que negamos nossos próprios sentimentos, ficamos com raiva. Por exemplo, se você quer realmente tirar férias, mas não o faz porque se sentiria muito culpado pelo tempo e dinheiro que iria gastar, você fica irritada. Se você não compra aquele vestido maravilhoso porque é caro demais, você fica irritada. Vamos examinar como nos comportamos quando nos sentimos culpadas *versus* quando ficamos irritadas.

Eu tenho problemas nas costas, e uma piscina aquecida com hidromassagem sempre faz com que eu me sinta melhor. Eu queria muito ter uma nos fundos de nossa casa, mas meu marido detesta água quente e achou que seria um desperdício de dinheiro. Além disso, ele disse: "Nós pagamos para usar o clube da nossa associação, que tem uma piscina de hidromassagem".

Bem, eu não gosto de ir ao clube e encontrar toda a vizinhança quando minhas costas estão doendo. Assim, finalmente eu disse: "Eu quero realmente uma piscina de hidromassagem. Ela ajudaria muito a aliviar minha dor nas costas e eu acho que mereço uma."

A resposta indelicada do meu marido foi: "Ótimo, vá em frente e compre uma! Apenas não use a palavra 'nós' quando explicar a razão para tê-la. Se você a quer, então é sua responsabilidade e não minha."

Até poucos anos atrás, eu não teria sonhado em adquirir qualquer coisa, a menos que ele a quisesse tanto quanto eu. Mas se você compreende o conceito segundo qual os opostos se atraem, percebe que as chances dele querer alguma coisa tanto quanto eu são de mil para um. Somos pessoas diferentes. Ele não sofre de dor nas costas; eu sofro. Assim, eu não só comprei a piscina, mas também refiz todo o jardim dos fundos, inclusive o deck. Estamos falando de uma culpa de milhares de dólares — não cem dólares por um vestido novo, ou cinqüenta por uma nova permanente no cabelo — mas milhares de dólares! Vejamos o que fiz por causa da culpa:

* Agradeci ao meu marido pelo menos três vezes por dia pelo maravilhoso presente que eu me dei. Eu dizia: "Você é o marido mais maravilhoso do mundo. Sei que você não queria a piscina, mas permitiu que eu fizesse o que queria."

* Enviei cartões de agradecimento ao seu escritório e deixei bilhetinhos por toda a casa.

* Por pelo menos três meses, fui a melhor parceira sexual do mundo. A culpa tem um modo de excitar. Sempre digo aos meus alunos homens que se eles quiserem que uma mulher lhes corresponda sexualmente, basta fazê-la sentir-se culpada. É só presenteá-la, levá-la em férias e cobri-la de surpresas.

* Preparei os mais belos jantares românticos que se possa imaginar.

Meu comportamento reforçou o dele, de permitir que eu tomasse minhas decisões, de acordo com minhas necessidades e desejos. Lembre-se, o comportamento que é reforçado tem maior probabilidade de ser repetido.

Examinemos agora que comportamento eu teria exibido se não tivesse comprado a piscina e ficado com raiva:

* Como eu estaria sentindo que não era importante e que meu marido só pensava nele, eu certamente não lhe agradeceria por nada.

* Não haveria bilhetinhos, porque eu estaria com raiva e certamente não poderia expressar amor.

* Eu provavelmente teria dor de cabeça e qualquer outro sintoma que pudesse imaginar para não fazer amor. Mulheres irritadas não podem corresponder sexualmente. Se ele me tocasse, eu teria aquilo que chamo de "arrepios de horror".

Será que meu marido se beneficiou com a piscina? Pode apostar que sim, e se você lhe perguntar o que é melhor, ter uma mulher irritada ou uma mulher culpada, ele não hesitará — o veredicto será *culpada*!

ELES PODEM PASSAR SEM VOCÊ

Já disse que há muitas maneiras pelas quais nossos pais podem fazer com que nos sintamos culpados. Bem, como pais também podemos nos sentir culpados. Na verdade, às vezes eu penso que quando uma mulher dá à luz, ela não só se livra da placenta, mas também, e para sempre, dos sentimentos:"eu quero, eu preciso, eu mereço".

Quando meus filhos tinham dez, nove e sete anos de idade, meu marido e eu decidimos fazer um cruzeiro. Ficaríamos fora um total de oito dias — mais tempo do que jamais havíamos ficado. Tínhamos viajado por um fim-de-semana ou dado uma fugida de uma noite, mas nunca oito dias. Meu filho ficou muito chateado com nossa ida e chorou na noite anterior e na manhã em que saímos. Mais uma vez, eu estava me sentindo culpada. Mas fui assim mesmo.

Eu sentia que era uma mãe tão boa nas outras cinqüenta e uma semanas do ano, que uma ausência de uma semana não iria matá-los. Esses eram meus verdadeiros sentimentos — não dos meus pais, dos meus amigos ou vizinhos, mas meus!

Fizemos o cruzeiro e, por causa da culpa, comprei um presente para cada filho em todos os portos. Quando voltamos, minha jarra de amor estava cheia e eu os levei para comprar roupas para a escola, deixei que seus amigos dormissem em minha casa e passei muito tempo com cada um. Se eu não tivesse ido, minha jarra estaria vazia e eu com raiva. Eu estaria ressentida com eles e reclamaria a respeito da sua falta de consideração. Não deixaria que os amigos dormissem em minha casa, nem que eles ficassem acordados até tarde. Agora, se meus filhos pudessem escolher entre uma mãe irritada e uma mãe culpada, qual você acha que eles escolheriam? Culpada, é claro. Veja o quanto eles ganharam com minha culpa.

Certo dia, quando estava fazendo compras, alguém bateu em meu ombro. Voltei-me e vi uma antiga aluna, com uma aparência maravilhosa. Quando eu lhe disse como ela parecia ótima, ela sussurrou que havia seguido o meu conselho.

"Havia muito que eu queria fazer uma plástica nos olhos", confidenciou ela.

"Mas eu sempre me sentia culpada pelo preço que teria que pagar. No mês passado eu decidi sentir a culpa e fazer assim mesmo, e estou muito satisfeita por ter feito."

"Meu marido também está me achando maravilhosa", acrescentou ela.

Uma outra aluna escreveu para me contar que sempre desejara fazer uma plástica para aumentar os seios. Ela disse que um mês depois do meu curso, ela e o marido decidiram juntos de que tamanho eles seriam.

"Nunca me senti tão feliz com meu corpo", escreveu ela. "Embora tenha me sentido culpada pelo dinheiro gasto, não me arrependo. Meu marido adora minhas novas medidas e está colhendo regularmente os benefícios da minha culpa."

Se você está com raiva porque está negando seus sentimentos, quero que troque sua raiva por culpa. E então, quero que sinta a culpa e faça assim mesmo.

SENTIMENTOS OCULTOS CAUSAM DOENÇAS

Ocultar sentimentos é outra forma de mentir. E como no caso da mentira, nós o fazemos para proteger alguém a quem amamos ou para nos proteger. Cuidado: ocultar sentimentos — ou não ser sincero com seus sentimentos — pode ser prejudicial à sua saúde. Quando não estamos bem emocionalmente, adoecemos. Todos nós estamos expostos aos mesmos vírus e germes, mas as pessoas que ficam doentes normalmente são aquelas que estão sob forte estresse. Meu ginecologista disse que pode prever com segurança que depois das férias seu consultório se enche de mulheres com algum tipo de infecção vaginal. Certamente elas tiraram férias, mas o estresse fez com que ficassem doentes.

Para a maioria de nós, existem "deveres" e "obrigações" demais e opções de menos. E os adultos não são os únicos que sentem estresse — as crianças também. É por isso que sempre permiti que meus filhos tirassem um "dia de folga da escola" de vez em quando, em vez de esperar que caíssem doentes para ficar em casa. Às vezes, o simples fato de tirar um dia de folga e sair para almoçar comigo é suficiente para que eles se sintam bem novamente. Quando uma mãe diz que seu filho esteve saudável o verão inteiro e agora que começaram as aulas ele ficou doente, ela precisa examinar o que está lhe causando estresse.

Da próxima vez que você, ou alguém a quem ama, ficar doente, pergunte *qual o significado real dessa doença*. Algumas respostas possíveis são:

* Na verdade, eu não queria ir àquela cerimônia.
* Na verdade, eu não queria a família em casa para as férias.
* Na verdade, eu detesto o meu trabalho.
* Na verdade, eu quero mais amor e atenção.
* Eu queria escapar da situação em que estou e não encontrei nenhuma outra maneira.
* Eu quero compreensão.

Em vez de esperar para faltar ao trabalho quando você estiver com febre e incapaz de se mover, por que não tira um dia de folga quando você está se sentindo bem? Vá às compras, faça uma longa caminhada na praia, ou fique sentada em casa, simplesmente "vegetando". O velho ditado "Cem gramas de prevenção valem um quilo de cura" realmente se encaixa aqui. Acredito de fato que se você tirar um dia de folga quando começar a se sentir estressada, ficará menos doente; o mesmo vale para seus filhos.

O GRANDE "C"

O câncer é uma doença terrível, que tocou de alguma forma as vidas de quase todas as pessoas. A maioria de nós conhece alguém que sofre ou morreu de câncer. E parece que a reação à notícia de que alguém está com câncer é sempre a mesma: "Oh, não, não 'fulano'. Ele é uma das pessoas mais gentis e carinhosas que já vi. Se alguém lhe pedisse, ele daria a própria camisa." Tipicamente, os pacientes de câncer negaram seus próprios sentimentos em benefício de outras pessoas, uma tendência que faz deles pessoas estimadas.

Em seu livro *Natural Healing*, Mark Bricklen afirma que os cientistas descobriram que uma das características do paciente de câncer é "uma tendência a guardar ressentimentos e uma diminuição em sua capacidade de expressar hostilidade". Não é de admirar que os pacientes de câncer sejam tão estimados. Eles nunca criam problemas!

Em *Love, Medicine & Miracles*, o Dr. Bernie Siegel cita o trabalho da Dra. Caroline Bendel Thomas, da Escola de Medicina da Universidade John Hopkins, que elaborou um perfil da personalidade de 1.337 estudantes de medicina e verificou sua saúde a cada dez anos durante suas vidas adultas.

Ela ficou surpresa em descobrir que quase todos aqueles que contraíram câncer "durante toda a vida, expressavam pouco suas emoções, em especial emoções agressivas relacionadas às suas próprias necessidades". De acordo com Siegel, para que os pacientes de câncer melhorem, eles precisam perceber "como as necessidades dos outros, por eles consideradas prioritárias, são usadas para ocultar as necessidades deles próprios". Ele prossegue dizendo que para haver a cura, nossas opções no meio externo precisam se equilibrar com nossos desejos internos, de forma que a energia que foi usada para essas contradições possa agora ser usada para a cura.

Os pacientes de câncer costumam doar — e não receber — um traço que é especialmente encorajado nas mulheres. Uma enfermeira de hospital que conheço, que trabalha exclusivamente com pacientes de câncer, disse-me que eles são os mais agradáveis e calmos para tratar, porque sempre colocam as necessidades alheias antes das suas. Enquanto os outros pacientes começam a tocar a campainha para chamar a enfermeira se o seu jantar se atrasa cinco minutos, os pacientes cancerosos não reclamam nem quando seu jantar se atrasa uma hora! Eles também disfarçam sua dor ou seus temores, porque não querem deixar ninguém preocupado ou perturbado.

Lembro-me de ter lido a respeito de outro estudo sobre mulheres que necessitaram de biópsias nos seios. É interessante notar que a maioria das mulheres que reclamavam, se lamentavam e choravam para quem quisesse ouvir a respeito da cirurgia de que necessitavam, não tinham câncer, ao passo que a maioria daquelas que só contavam para seus familiares mais próximos, porque não queriam causar preocupação, tinham câncer.

Acho preferível ter, em seu enterro, apenas dez pessoas que a amavam incondicionalmente, a ter duzentas que a amavam porque você sempre foi uma abnegada. No primeiro caso, é provável que você viva mais do que qualquer um que poderia ir ao seu funeral, e no segundo, você pode não passar dos cinqüenta anos!

Uma coisa é certa: se você expressar seus sentimentos, não será amada, ou mesmo estimada, por todos. Um relacionamento desfeito por causa da honestidade não podia valer a pena. O custo de se tentar agradar a todos é grande demais — *pode ser a sua vida!*

DIGA SIMPLESMENTE NÃO

Faz parte da natureza humana tirar proveito de pessoas que permitem que isso aconteça. Por exemplo, se estou presa em uma reunião ou num congestionamento de trânsito e não conseguirei chegar à escola em tempo para pegar meu filho, eu posso ligar para uma vizinha e lhe pedir um favor. Se uma vizinha diz: "Claro, eu pego seu filho, mas da próxima vez, peça com mais antecedência; eu estou jantando", e a outra vizinha diz: "Claro, onde está ele?" Para qual delas você acha que eu ligarei na próxima vez em que precisar de um favor? Para aquela que me facilitou as coisas, é claro. Isso é perfeitamente normal. Anormal é permitir que os outros se aproveitem de você. Se você não cuidar de você, ninguém o fará. Quem tem que dizer não é você.

Cerca de um ano depois de terminar meu curso, Darlene voltou para me contar o quanto havia mudado. Antes do curso, Darlene se autodescrevia como uma "supermulher". Ela trabalhava em tempo integral, presidia um grupo feminino, levantava fundos para a escola, era a mãe dedicada de dois adolescentes e parecia se dar muito bem com o marido.

Em minhas aulas, Darlene ficou sabendo que, pelo fato de dar tanto de si mesma para os outros, ela havia se tornado uma mulher muito ocupada, bem-organizada e esforçada, que se esquecera de como se divertir ou gozar a vida. Ela precisava aprender a dizer não.

À medida que foi refletindo sobre sua situação, Darlene começou lentamente a fazer algumas mudanças. Um ano depois, ela ainda tem seu emprego, que adora, mas reduziu a maior parte das outras atividades.

"Resolvi me permitir dizer não", contou-me ela, "e com isso fiquei mais descontraída e brincalhona."

O marido de Darlene teve inicialmente alguma dificuldade para se adaptar à mudança, mas aprendeu a gostar desse novo aspecto da personalidade dela e a desfrutar mais o tempo que eles passam juntos.

Algumas vezes nós temos dificuldade para dizer não, porque não temos certeza do que queremos fazer. Descobri que uma das formas mais simples para determinar o quanto você quer fazer uma coisa é usando uma escala de um a dez. Digamos que você tenha sido convidada a entrar para uma equipe de boliche. Se na escala de um a dez isso para você vale dois, não entre — mesmo que todas as suas vizinhas o façam.

Este método tem sido muito útil para ajudar meu marido e eu a compreender exatamente como o outro se sente a respeito de uma atividade comum. Por exemplo, se somos convidados para uma festa, perguntamos: "Numa escala de um a dez, quanto você quer ir?" Se eu digo três e ele diz um, nós não vamos. Por outro lado, se ele disser nove e eu três, é provável que eu vá para acompanhá-lo. Se um filme que desejo ver valer um dez para mim, ele irá comigo mesmo que para ele o filme valha quatro. Antes de começarmos a usar este método, era freqüente um supor que estava agradando ao outro por ir a um determinado evento, quando na verdade nenhum dos dois queria muito ir.

Uma vez que você determine que não quer fazer uma coisa, basta dizer não — e ficar quieta. Não se deve dizer não e, a seguir, dar uma porção de desculpas. Por exemplo, se alguém lhe telefonar pedindo uma doação e você quiser fazê-la, faça-a. Caso não queira fazê-la, diga simplesmente "Não. Sinto muito, mas não estou interessada" e só. A pessoa na outra ponta da linha não dirá "Como você ousa dizer não!"

Ela dirá: "Está bem. Obrigado." E não faça cinco mil biscoitos para aquela venda beneficente só porque mais ninguém quer fazê-los. Essa não é uma razão suficientemente boa. A decisão é sua. Sua vida depende disso!

PEÇA E VOCÊ RECEBERÁ

Uma atitude comum entre as mulheres é achar que seus companheiros devem saber, de alguma forma mágica, o que elas querem ou do que necessitam. Elas acreditam que se tiverem que dizer o que as faz felizes, isso irá diminuí-las de alguma forma. As mulheres que freqüentam meu curso aprendem a substituir essa idéia errada por um ponto de vista mais preciso. A única maneira de você conseguir aquilo que quer é pedindo! Os homens não adivinham pensamentos, nem são dotados de poderes extra-sensoriais. Como eu digo às minhas alunas, peça e você receberá!

Não seja como Joan, que numa sexta-feira estava exausta e queria ficar algum tempo a sós com Bill, seu marido. Quando este lhe telefonou à tarde, Joan, ao invés de sugerir que fossem jantar sozinhos, perguntou: "Você gostaria de jantar só comigo, ou saímos todos para jantar?"

Infelizmente, Bill fez a escolha errada e respondeu: "Vamos levar as crianças. Será divertido."

Joan ficou irritada o resto do dia e quando eles chegaram ao restaurante, seu marido já havia lhe perguntado o que estava errado no mínimo meia dúzia de vezes. A resposta era sempre "Nada". Ela permaneceu em silêncio durante todo o jantar, enquanto os filhos conversavam com o pai.

Mais tarde, quando se preparava para dormir, Joan gritou para o marido: "Você não pode me amar de verdade se nunca quer ficar a sós comigo!"

Surpreso, Bill perguntou: "Do que você está falando?"

Joan finalmente explicou que queria ter jantado a sós com ele naquela noite, sem as crianças.

Bill respondeu que ele também teria preferido sair só com ela, mas tivera receio de ser considerado egoísta e por isso levou os filhos. Bill não sabia ler pensamentos. Joan deveria ter dito exatamente o que desejava. Essa teria sido uma ótima oportunidade para usar a escala de um a dez.

MENSAGENS CONFUSAS

Outro erro que as mulheres tendem a cometer é o de enviar mensagens confusas. Elas dizem uma coisa, querendo dizer outra. Por exemplo, nos primeiros anos de nosso casamento, meu marido e eu enfrentávamos dificuldades financeiras e eu costumava dizer: "No próximo aniversário de casamento, vamos combinar que não haverá presentes" e ele acreditava que eu queria isso. Então chegava o dia do aniversário e eu lhe dava um presente, mas ele não

138

me dava nada! Por quê? Porque eu lhe dissera para não dar. Então eu chorava de tristeza e perguntava: "Como você foi acreditar em mim?" E ele respondia: "Mas foi você quem propôs que não trocássemos presentes!"

Eu deveria ter dito o que de fato queria: "Como estamos mal de dinheiro, vamos dar um ao outro apenas uma pequena lembrança do nosso amor. Não precisa ser nada caro. Para mim, o importante é receber um cartão e uma coisa que venha do seu coração."

Muitas mulheres enviam mensagens confusas. Sandra contou à classe a respeito da ocasião em que precisava extrair os dentes do siso. Seu marido se ofereceu para tirar um dia de folga no trabalho para estar com ela e levá-la para casa, mas Sandra insistiu que "não era nada sério" e que seria mais fácil uma amiga levá-la.

"Bem", contou Sandra à classe, "foi sério. Quando acordei eu me sentia péssima, estava sozinha e queria meu marido lá para segurar minha mão."

Naquela noite Sandra atacou o marido, dizendo irritada: "Eu precisei de você. Por que você não estava lá comigo? Você deveria saber que, na verdade, eu não queria ficar lá sozinha."

Nem é preciso dizer como o marido de Sandra ficou confuso naquele momento.

Minha história predileta é a de Patty, que aprendeu pelo método difícil a não enviar mensagens confusas. Alguns anos atrás, seus sogros haviam programado ficar uma semana em sua casa. Por azar, seu marido Chris havia marcado uma pescaria para o fim-de-semana anterior à visita dos pais, que chegariam na segunda-feira.

Chris se ofereceu para cancelar sua viagem, mas Patty corajosamente lhe disse que não seria necessário, garantindo que poderia cuidar sozinha da arrumação da casa e das compras. Mas aquele trabalho todo deixou-a esgotada. No domingo à tarde ela estava cansada, irritada e solitária. Ela estava com ódio dos sogros, do marido e de sua casa.

Pouco depois, ela escorregou na escada da garagem quando carregava o último lote de lixo e quando Chris chegou, tarde da noite, encontrou-a cansada, com dores, com a perna engessada e chorando sem parar.

"Não consigo entender, Patty", disse ele, sacudindo a cabeça. "Por que você me disse para ir, se sabia que havia muito trabalho a ser feito e que iria precisar de ajuda?"

Como muitas mulheres, Patty achou que seu marido devia saber o que ela queria. "Para mim, era óbvio que ele deveria ter ficado em casa para ajudar. Eram os pais dele que estavam vindo, e ele sabia que havia muito o que fazer!"

Acredite em mim, em Patty e em todas as outras mulheres que aprenderam pelo método difícil. Os homens não sabem ler pensamentos, nem dispõem de poderes extra-sensoriais. Um homem não terá a idéia daquilo que você quer, a menos que você lhe diga.

Eu aprendi a não dizer nada que não traduza exatamente o que penso. O custo é muito alto.

O QUE VOCÊ QUER DE MIM?

Em sua maioria, os homens ficam completamente sem ação diante de uma demonstração de extrema emoção de uma mulher. Eles simplesmente não sabem como lidar com ela. Mas quando seu companheiro lhe pergunta frustrado: "O que você quer de mim?" Você precisa adiar sua resposta para um momento em que ele irá de fato ouvi-la. É muito importante falar a respeito de seus desejos, de suas necessidades ou de seus sentimentos na hora *certa*.

John, um de meus alunos, disse que tinha a sorte de saber o que sua mulher queria quando estava perturbada, porque logo que eles se casaram ela lhe disse que, quando ficasse deprimida ou irritada, ele deveria colocá-la no carro e levá-la à praia. Como ela havia explicado do que precisava quando ambos estavam calmos e receptivos, sempre que ocorria uma crise ou acontecia alguma coisa sobre a qual eles precisavam conversar, John sabia o que fazer. Ir à praia sempre a acalmava.

Por mais simples que isto possa parecer, em sua maioria os casais não sabem o que fazer em tempos de tensão ou crise, ou diante de um evento trágico. Como cada pessoa é diferente, você precisa dizer ao seu companheiro, de forma afetuosa, o que é melhor para você e conversar sobre o que é melhor para ele.

Algumas mulheres querem ficar sozinhas quando estão chateadas, outras querem que seus maridos as abracem e outras ainda preferem que lhes seja perguntado "O que posso fazer para ajudar?" Eu pertenço a este último grupo e meu marido sabe disso. Não sei por quê, mas sempre fico calma quando posso pensar ra-

140

cionalmente em alguma coisa concreta que ele possa fazer para me ajudar.

Se você disser ao seu companheiro do que necessita em um momento em que ambos estão calmos, ele irá armazenar a informação e, quando chegar a ocasião, se lembrará dela. Portanto, na próxima vez em que vocês estiverem juntos, diga: "Meu bem, sempre que eu começar a chorar, será muito importante você me envolver com seus braços e ficar me segurando". Ou:"Na próxima vez que eu ficar furiosa, me dê quinze minutos para eu esfriar e, quando eu me acalmar, poderemos conversar a respeito". Acho que cada uma de nós sabe do que necessita. Precisamos apenas de algum tempo para pensar nisso e aprender a expressar nossas necessidades.

LISTA DE DESEJOS

Uma ótima maneira de trazer mais intimidade para seu relacionamento e ter suas necessidades satisfeitas é cada um fazer uma lista de desejos e depois partilhá-la com o outro. Inclua qualquer coisa que seu marido possa lhe dar e que irá deixá-la mais alegre e diga-lhe para fazer o mesmo. Por exemplo, muitos anos atrás eu disse ao meu marido que queria uma surpresa. Por ser muito racional, ele quis saber que espécie de surpresa eu tinha em mente. Eu respondi: "Se eu lhe contar, não será uma surpresa. Serve qualquer coisa que você planeje sozinho e da qual eu nada saiba."

Eu lhe disse que ele tinha trinta anos para fazê-lo, mas tinha que prometer que me faria uma surpresa antes que eu morresse. Uma noite, cerca de seis meses depois, eu cheguei em casa e encontrei a mãe dele sentada na sala. Totalmente surpresa, exclamei: "Como a senhora está aqui?"Meu marido saiu do seu esconderijo e gritou: "Esta é a sua surpresa!"

Ele havia pedido que sua mãe ficasse com as crianças, comprou a mais bela camisola que já vi (ainda é minha favorita), fez reservas num belo restaurante para o jantar e em um hotel para passarmos a noite.

Ele nunca havia feito nada parecido antes para mim, e foi ótimo deixá-lo cuidar de tudo. Normalmente cabia a mim conseguir alguém para ficar com as crianças e fazer as reservas. Foi certamente uma mudança bem-vinda.

Também pedi que ele almoçasse comigo de vez em quando. Era estimulante encontrar meu marido no meio do dia e flertar com ele durante o almoço; além disso, eu me sentia importante por saber que estava em sua agenda. Começamos esses encontros anos atrás e ainda almoçamos juntos ao menos uma vez por mês.

Além disso, pedi que ele me enviasse flores de vez em quando. "Mas elas custam tão caro", disse ele, "e morrem logo."

Respondi que era romântico ganhar flores e que eram algo que eu não compraria para mim mesma. Para mim, flores significavam: "Estou pensando em você". Disse que não as queria com freqüência; apenas quando tivéssemos tido uma ótima noite na véspera, ou quando ele estivesse com muita vontade de estar comigo. Algumas semanas depois do meu pedido, ele trouxe um lindo buquê – o primeiro de muitos.

Eu costumava ter inveja de uma vizinha, porque sempre que ela nos convidava para jantar, seu marido era o primeiro a lhe agradecer pelo trabalho que tivera, além de elogiar em voz alta as qualidades dos pratos. Quando eu preparava um grande jantar, o máximo que ganhava do meu marido era: "Está bem, comida é comida. Se quiser fazer de novo, vá em frente." Isso me desapontava! Decidi pedir um agradecimento em minha lista de desejos.

Disse ao meu marido que não esperava agradecimentos quando fazia um prato qualquer, mas quando passava horas na cozinha preparando uma refeição, eu realmente necessitava ouvir que ele e as crianças haviam gostado dela. Se ensinamos nossos filhos a sempre agradecer quando comem na casa dos outros, por que as próprias mães não recebem a mesma cortesia?

No dia seguinte, ao terminarmos o jantar, percebi que meu marido cochichou alguma coisa às crianças. Então ele contou até três e todos gritaram em coro: "Obrigado, mamãe. Estava delicioso!" Beijei cada um dos meus filhos e lhes agradeci pelo cumprimento. Também dei um beijo em meu marido e lhe agradeci por se lembrar dos meus sentimentos. Lembre-se, se você não reforçar um novo comportamento, ele não se repetirá. Embora a primeira vez tivesse sido planejada, em pouco tempo meus filhos passaram a me agradecer espontaneamente, sempre que eu preparava um jantar especial.

142

Espero que você esteja começando a perceber que meu marido me traz flores, organiza "escapadas" para nós e se encontra comigo para almoçar porque eu lhe pedi. Não é que eu tenha me casado com um homem maravilhoso, que adivinha todas as minhas necessidades. Eu pedi tudo! Não precisa ter inveja. Se funcionou para mim, funcionará para você também.

Coloque por escrito tudo aquilo que quiser, seja um piquenique uma vez por mês, ir ao cinema todos os domingos ou um grande beijo todas as noites, ao chegar. Não importa quais sejam os seus desejos, você precisa fazer com que seu companheiro os conheça. Portanto, pegue lápis e papel e comece a escrever sua lista de desejos.

FAÇA UM DESEJO

Aqui estão alguns dos desejos que minhas alunas colocaram em suas listas:

* Faça uma caminhada comigo depois do jantar, três vezes por semana.

* Beije-me de verdade ao chegar e sair, e não me dê uma bicada na bochecha.

* Saia comigo uma vez por semana. Os planos ficam por sua conta.

* Mande-me um presente "sem motivo", só para dizer que me ama. Não precisa ser nada caro.

* Convide-me para almoçar.

* Diga que me ama pelo menos três vezes por dia.

* De vez em quando, envie flores e um bilhete *sexy* ao meu escritório. Quero que todas sintam inveja de mim.

* Ligue só para dizer que me ama.

* Ajude-me nas tarefas domésticas. Vamos fazer uma lista e dividi-las igualmente.

* Abrace-me, toque-me e beije-me também quando não estamos fazendo amor.

E aqui estão alguns desejos das listas dos homens:

* Pare o que estiver fazendo para me receber quando eu chegar à noite, em vez de gritar que estará comigo em um minuto.

* Tome a iniciativa para fazer amor. Diga-me o que você quer.

* Não discuta quando eu quiser ver esportes na TV.

* Dê um tempo para eu me descontrair quando chego do trabalho, antes de começar a conversar.

* Surpreenda-me de vez em quando com um jantar especial, música suave e uma roupa *sexy*.

* Deixe-me ter um dia livre por semana, sem tarefas domésticas nem incumbências fora de casa.

* Acompanhe-me de vez em quando nos eventos esportivos. Gosto quando você vai comigo.

* Escreva-me bilhetes secretos e deixe-os em lugares inesperados.

Se vocês dois concordarem em fazer o máximo para satisfazer os desejos um do outro, seu relacionamento só poderá ser harmonioso e romântico.

FALAS INFANTIS E APELIDOS CARINHOSOS SAEM DO QUARTO

Falar como criança não é um assunto normalmente tratado em público, e não me lembro de vê-lo mencionado em nenhum dos livros que li. As mulheres não falam nisso entre si; na verdade, em sua maioria as mulheres não analisam aquilo que fazem no momento em que o fazem.

Normalmente, quando pergunto a uma mulher se ela fala como criança com seu companheiro, ou chama-o por nomes carinhosos, ela fica vermelha, se atrapalha toda e diz que não consegue falar a respeito de uma coisa tão pessoal. Entretanto, ao longo dos anos consegui reunir informações suficientes para expor a você.

As histórias que vêm a seguir são muito especiais para mim, porque sei como foi difícil para aquelas mulheres revelar esse aspecto do seu comportamento. Este é o tipo de conversa que ocorre a portas fechadas. Embora as mulheres tenham facilidade para falar

144

entre si a respeito de muitas coisas, falas infantis e apelidos carinhosos não estão entre elas. Mas acho que já é tempo de todas saberem por que alguns homens se sentem tão cativados e satisfeitos com suas mulheres.

Antes de iniciar meus cursos, eu pensava que todas as pessoas falavam como crianças de vez em quando, mas descobri que estava errada. Muitas das minhas alunas têm pedido que eu faça uma fita especificamente sobre isso, porque nunca ouviram seus pais e mães falarem assim.

Falar como criança e usar apelidos carinhosos pode ajudar muito quando:

* Seu companheiro é muito sério.
* Seu companheiro a está ignorando.
* Você quer fazer alguma coisa e seu companheiro não.
* Você deseja muito alguma coisa.

É muito difícil colocar por escrito aquilo que costumo demonstrar verbal e visualmente em classe, mas farei um esforço. Para praticar este tipo de comportamento, você tem que pensar em como falaria com um filhote de cachorro ou um bebezinho. Você adoça a voz, fala em um tom um pouco mais agudo e, ao mesmo tempo, exagera nas expressões faciais.

Suponha que seus sentimentos estejam feridos ou que você esteja desapontada. Normalmente, se você faz beicinho e fica quieta, seu companheiro pergunta imediatamente: "O que foi?"

Você responde com uma vozinha quase inaudível: "Eu queria me esconder em sua mala e ir com você nessa viagem".

Mesmo que não a leve junto, a reação dele será: "Minha belezinha. Eu também gostaria que você fosse."

Pat, uma de minhas alunas, era uma mulher de personalidade forte, que tinha discussões freqüentes com seu companheiro − que também era teimoso − as quais normalmente terminavam com os dois não se falando durante dias. Depois da aula sobre falar como criança, ela me telefonou para contar como fazer beicinho havia dado certo para ela. Seu marido se recusava a entrar no cinema depois que o filme tivesse começado. Se os créditos já estivessem passando na tela, ele esperava pela sessão seguinte e não havia quem o convencesse do contrário.

Pat havia esperado semanas para ver um determinado filme. Quando finalmente chegaram à bilheteria, depois de ficar algum tempo na fila, seu marido fez meia-volta e começou a ir embora.

Quando ela perguntou por que, ele respondeu: "É tarde demais. Você sabe que não entro no cinema quando o filme já começou."

Ela gritou: "Será que não dá para fugir da regra só esta vez?" e ele respondeu: "NÃO!"

Pat disse que normalmente uma cena daquelas teria resultado em um silêncio de dois dias. Em vez disso, quando entraram no carro, ela se voltou para ele e fez um beicinho.

Ele olhou para ela e disse: "Você é adorável. Quer mesmo ver esse filme? Está bem, então vamos."

Pat disse que quase explodiu numa gargalhada. Ela não conseguia acreditar no que estava acontecendo e, logo que entrou no cinema, foi até o banheiro onde quase morreu de rir.

Jan, que também era uma mulher muito independente, nos contou que fez uma trouxa de roupas para ela e outra para seu cachorro. Quando seu namorado brigava com ela, ela colocava a trouxa no cachorro, pegava a sua e passava diante do namorado dizendo com voz infantil: "Venha, Fifi, vamos fugir de casa e procurar um lugar onde nos amem. Aqui ninguém gosta de nós." O namorado olhava para aquela cena patética e explodia em gargalhadas.

BRINCADEIRAS DE CRIANÇAS

Algumas mulheres corajosas me contaram que brincavam de bebês com seus compaheiros. Elas disseram que é uma ótima maneira de aliviar a tensão e as preocupações que muitos homens trazem do trabalho. Shelley contou que sempre que seu marido chega em casa irritadiço ou tenso, ela lhe diz, com voz infantil: "Venha para o colo da mamãe, nenê".

Então, deitando-se na cama, ela embala o marido nos braços e canta uma canção de ninar até que ele relaxe.

APELIDOS CARINHOSOS

Dar apelidos carinhosos é outra maneira de brincar. Uma de minhas alunas disse que quando sua mãe morreu, seu pai vagava pela casa sem rumo, dizendo: "E agora, eu vou ser o ursinho de quem?" Esse era o apelido pelo qual sua mulher o chamava. Quando ele chegava, ela gritava "Meu ursinho chegou!" e ele sempre dizia "Pare com isso, Grace. Você está me encabulando." Mas intimamente ele gostava de ser chamado assim e quando ela se foi, ele lamentava a perda do apelido, tanto quanto a perda da mulher.

Allison contou que seu marido é o único homem da vizinhança que leva o lixo para fora espontaneamente todas as semanas. As vizinhas, depois de observá-lo durante anos enquanto leva as latas de lixo da garagem até a calçada, chegaram a perguntar a Allison qual era o seu segredo. "É claro que eu não contei", disse Allison à classe. "Ele ficaria encabulado."

"Eu nunca quis carregar o lixo; então, logo que nos casamos, comecei um ritual que dura até hoje", disse ela.

Todas as quartas-feiras à noite, quando chega a hora de levar o lixo para fora, Allison volta-se para Mac, seu marido, e em voz grave lhe diz: "Quem vai salvar o dia e levar o lixo para a Minnie? Ora, é o Super Mouse."

Mac sempre sorri quando Allison apalpa seus bíceps e diz com uma voz fininha: "Oooh, o Super Mouse é tão forte!"

Amy também usava um personagem de ficção de forma graciosa para convencer seu marido a fazer coisas pela casa. Por exemplo, se queria que ele pintasse as janelas da casa, ela dizia: "Mais rápido que uma bala — quem vai pintar minhas janelas? O Super-homem!"

Clara chamava o marido de Capitão Marvel. Essas mulheres inteligentes aprenderam como fazer com que um homem queira agradá-las, enfatizando sua masculinidade de maneira divertida.

ESCOLHA UM APELIDO CARINHOSO

A lista abaixo contém apelidos carinhosos que tenho ouvido das mulheres ao longo dos anos. É claro que existem muitos outros, mas escolhi aqueles que podem ser facilmente usados ou entendidos pela maioria das pessoas. Muitos foram omitidos porque tinham significado apenas para as duas pessoas envolvidas.

TIGRINHO	DOCE DE CÔCO	BEZERRINHO
GATÃO	PELUDINHO	BICHINHO
BONECO	GOSTOSINHO	GAROTÃO
URSINHO	GOSTOSÃO	PITUCA
FOFINHO	CHORÃO	TARZAN
FOFURA	BEBEZÃO	MEU HERÓI

O mundo ficaria chocado em descobrir que muitos homens importantes normalmente tratados por títulos altamente respeitados como Doutor, Senador ou mesmo Presidente, costumam ser chamados de Ursinho, Tigrinho, Docinho ou Gatão por suas mulheres!

AS BRINCADEIRAS SALVAM O DIA

Muitas mulheres revelaram que quando compram um artigo muito caro, são salvas pelo comportamento infantil, e meu comportamento infantil quebrou a tensão em meu próprio lar em mais de uma ocasião. Por exemplo, houve a vez em que eu queria assistir a *O Homem de La Mancha* e estava difícil achar ingressos. Assim, eu os comprei de um cambista a cinqüenta dólares cada um. Eu sabia que meu marido ficaria furioso com o preço que eu havia pago. Ele estava viajando e quando me telefonou naquela noite, recorri à fala infantil. Com uma voz de menininha, eu disse: "Fui uma menina muito, muito má. Comprei entradas para ver *O Homem de La Mancha* e você vai ficar louco da vida quando eu lhe disser quanto custaram, mas prometo beijá-lo da cabeça aos pés se não ficar bravo."

Ele começou a rir e disse: "Da cabeça aos pés? Bem, talvez valha o preço."

Entendeu o que quero dizer? Falar como criança salvou o dia.

Outras mulheres atribuem a culpa a um personagem imaginário quando alguma coisa que fazem irritar seus maridos, usando frases como "Alf deixou", ou "Alf me mandou fazer isso".

Outra aluna contou à classe que tinha ciúmes do cachorro. Todas as noites, quando seu marido chegava em casa, o cachorro se deitava de costas. Ignorando-a, seu marido sentava-se no chão e ficava brincando com o cachorro. Uma noite ela decidiu fazer uma brincadeira e quando seu marido chegou, ela estava deitada de costas sacudindo braços e pernas, como fazia o cachorro. Ele reagiu deitando-se no chão, beijando-a e brincando com ela. De uma forma não-verbal, minha aluna havia mostrado ao marido que desejava o mesmo tratamento que ele dava ao cachorro.

POR TRÁS DE CADA HOMEM SE ESCONDE UM GAROTINHO

Quase nenhum homem resiste àquela garotinha vulnerável que mora dentro de todas nós, mas tenho constatado que a maioria das mulheres que foram filhas únicas ou as mais velhas tem dificuldade em fazer brincadeiras ou falar como crianças. Se você já ouviu mensagens como "Cresça e aja de acordo com sua idade" ou "Pare de agir como um bebê", pode ser difícil aquela menininha aparecer. Você precisa experimentar para descobrir o que a deixa mais à vontade.

Pratique na frente de um espelho. Sei que o que estou dizendo aqui pode soar estranho para algumas mulheres, mas estou convencida de que seu companheiro irá reagir favoravelmente se você conseguir fazê-lo rir ou apelar para o garotinho que mora dentro dele. Lembre-se, dentro de cada homem, por mais forte, bem-sucedido ou poderoso que seja, está um garotinho à espera da permissão para aparecer e brincar.

Na verdade, uma de minhas alunas disse que seu namorado a pediu em casamento porque ela era a única mulher que podia brincar com ele. Ele lhe disse: "Seu lado criança faz meu lado infantil querer brincar e isso é muito bom".

Alguns alunos meus não tiveram dificuldade para revelar o quanto gostavam das brincadeiras das suas companheiras.

Wade, por exemplo, é um médico que disse: "Durante o dia inteiro sou um adulto competente, eficiente e responsável. Gosto de chegar em casa, fechar a porta e conseguir relaxar.

"Marilyn, minha mulher, é a única mulher que já conheci que é capaz de me fazer rir com seus tolos personagens imaginários e suas brincadeiras de menininha. Adoro cada minuto daquilo."

Sei que muitas mulheres acham que essas brincadeiras não se encaixam em sua personalidade, mas é muito importante deixar sair a criança que existe dentro de você. Mesmo que seja difícil, tente pelo menos um novo comportamento e observe os resultados.

ATIVIDADE Nº 6

* Revele seus sentimentos sem atacar quem você ama.
Seus sentimentos nunca estão errados. Defenda-os.

* Torne o ato de contar a verdade seguro.
Diga ao seu companheiro que nunca ficará zangada por ele lhe contara verdade.

* Troque a raiva pela culpa.

* Diga apenas não.
Pratique dizer não às atividades que não a interessam.

* Peça aquilo que deseja.
Ajude seu marido a satisfazer suas necessidades. Diga-lhe o que você quer.

* Não diga coisas confusas.
Seja honesta a respeito do que deseja. Diga a verdade.

* Faça uma lista de desejos.
Faça seu companheiro preparar uma também. Leiam juntos as listas e conversem a respeito delas.

* Seja divertida.
Use apelidos carinhosos, falas infantis e jogos para liberar as crianças que existem dentro de vocês dois.

VOTOS PARA UM AMOR DURADOURO

(Para ser lido pela noiva e pelo noivo)

EU PROMETO — amá-lo(a) sempre por aquilo que você é e nunca lhe pedir para ser aquilo que não é.

EU PROMETO — respeitar suas idéias e opiniões, que podem ser diferentes das minhas, mas são tão verdadeiras e valiosas para você quanto as minhas são para mim.

EU PROMETO — verbalizar e demonstrar minha admiração, meu respeito e minha consideração por você como pessoa.

EU PROMETO — preocupar-me com seus sentimentos, e não em saber se são certos ou errados, e sempre ouvi-lo sem julgar.

EU PROMETO — assumir a responsabilidade pela minha própria felicidade e não esperar que você a alcance para mim.

EU PROMETO — amar a mim mesma(o), pois quanto mais eu me amar, mais amor poderei lhe dar.

EU PROMETO — reconhecer e honrar meus sentimentos e partilhá-los com você.
EU PROMETO — dar a mesma atenção às suas necessidades emocionais e físicas de intimidade.

EU PROMETO — sempre tratá-lo(a) como a pessoa mais importante da minha vida, porque você é essa pessoa.

CONCLUSÃO

Que Diferença Faz Um Dia

Meus parabéns! Você é um tipo muito especial de mulher. Está sempre em busca de novas maneiras para melhorar sua vida, você mesma e seu relacionamento. Seu companheiro tem muita sorte por tê-la em sua vida. Enquanto outras mulheres se lamentam e reclamam, você fez algo de positivo para fazer durar seu caso de amor — você está pronta para despertar "Emoções" nele!

A esta altura você deve ter um conjunto de seis fichas, com lembretes para ajudá-la a se manter na linha. Se ainda não o fez, compre as maiores fichas que encontrar e use as fichas extras para copiar aquilo que escreveu e dar a suas amigas, sua filha, uma colega ou qualquer membro da família com problemas de relacionamento. Esse pode ser o presente mais valioso que elas irão receber.

Agora que você está organizada com o conhecimento de que necessita para mudar sua vida, está na hora de agir. Junte-se a mim e aos milhares de mulheres que agora levam vidas estimulantes e mantêm o relacionamento romântico que sempre sonharam. Passe a fazer parte desse grupo de elite de mulheres que sabem como manter um homem perdidamente apaixonado por elas para sempre.

Isso exigirá esforço e trabalho de sua parte, mas isso acontece com tudo aquilo que tem valor. Você colherá as recompensas na relação direta do seu esforço e o relacionamento satisfatório que você irá alcançar nunca será desfeito.

Quando aplicar os princípios deste livro, você verá resultados imediatos. As mudanças que deseja não levarão anos ou meses para ocorrer. Você só precisa de um dia para reformular sua vida!

As mudanças que você busca irão ocorrer assim que colocar em prática as sugestões que eu lhe dei. Tudo o que você tem a fazer é acreditar em si mesma e no poder que tem como mulher.

Lembre-se, o amor nunca é suficiente. Você precisa verbalizar e demonstrar seu amor pelo homem de sua vida todos os dias. Proporcione a ele um ambiente seguro, afetuoso e estimulante e você será para sempre uma parte vital da felicidade dele. Um homem que experimenta essa espécie de amor nunca irá deixá-la partir.

Seu Príncipe Encantado está ao seu lado, ou está por perto apenas esperando ser descoberto por você. Nunca deixe de acreditar em contos de fadas. É possível viver feliz para sempre! Isso irá acontecer com você!

Que todos os seus sonhos se realizem!

Com amor,

Ellen